UN ETE EN PÉ...

Jane Mason a douze ans... ...sse, peu sportive, elle adore l'histoire. Pendant ses vacances en Dordogne avec sa mère et leurs amis, elle vit des rencontres fantastiques avec des personnages du passé tels Aliénor d'Aquitaine, un troubadour et un ermite cathare qui lui confient une dangereuse mission.

Ses terreurs prennent des proportions fébriles quand la réalité dépasse ses rêves et qu'alors elle se trouve littéralement plongée dans l'univers horrifiant de l'Inquisition...

Pour mon cher époux, Robin, sans qui, etc.

Avec mes remerciements à tous ceux et celles qui m'ont aidée, et surtout à ma traductrice.

JULIANNA SIMOR LEES

Un été en Périgord

Traduit de l'anglais par Monique Brejon Desvergnes

Illustré par Nancy B. Roberts
Photographie : Robert Maxtone Graham

Perigord Press
1998

Tous droits réservés :
© PERIGORD PRESS
Pégrillou
24600 Celles
France

Texte   © Copyright Julianna Lees   1996, 1997
Illustrations © Copyright Nancy B. Roberts 1996, 1997
Traduction   © Copyright Monique Brejon Desvergnes

ISBN 2-9510269-1-9

Du même auteur :

Perigord Summer (texte anglais)
Illustré par Nancy B. Roberts

Sommaire

CHAPITRE I	*L'arrivée*	7
CHAPITRE II	*Au milieu de nulle part*	14
CHAPITRE III	*Nick*	25
CHAPITRE IV	*Le marché enchanté*	35
CHAPITRE V	*Cercles*	43
CHAPITRE VI	*Aliénor*	50
CHAPITRE VII	*Pierre et Claudine*	58
CHAPITRE VIII	*Eléonore*	65
CHAPITRE IX	*Périgueux*	73
CHAPITRE X	*Grand-mère*	84
CHAPITRE XI	*L'orage*	92
CHAPITRE XII	*Brie*	102
CHAPITRE XIII	*Le concert*	113
CHAPITRE XIV	*Brantôme*	122
CHAPITRE XV	*Pleine lune*	131
CHAPITRE XVI	*Les oubliettes*	140
CHAPITRE XVII	*La délivrance*	148
CHAPITRE XVIII	*Une conférence*	156

Nancy B. Roberts
©1996

CHAPITRE I

L'arrivée

Jane Mason avait grand besoin d'arriver. Elle avait été enfermée toute la journée : d'abord le trajet sans intérêt jusqu'au tunnel, puis des centaines de miles de morne campagne française, la vue obscurcie par le crachin et la danse stupide des essuie-glaces, avec le frottement rythmique des pneus sur le goudron mouillé. Ils étaient dans la Vauxhall vieille de trois ans de son beau-père, pas trop spacieuse en temps normal et, avec les piles de sacs de couchage et de serviettes roulées dans des sacs poubelle empiétant sur son territoire, Jane se sentait serrée et oppressée. Sa mère, Gill, une forte femme, était sur le siège avant du passager. C'était rassurant de voir le tissu bleu de son épaule et ses cheveux roux, mais Jane ne voulait pas demander un nouvel arrêt. C'était si gênant de devoir demander les toilettes à une station-service et, pire encore, de se baisser derrière un buisson sous la pluie. Elle se contenta donc de dire pour la troisième fois en une demi-heure :

« Allons-nous bientôt arriver ? »

Gill essayait de suivre leur itinéraire sur la carte et, chaussée de ses lunettes, elle scrutait dans la pénombre le réseau arachnéen des chemins. Ce n'était pas encore le crépuscule, mais le ciel était couvert et la nuit n'était pas loin. Elle commençait à sentir la faim et cela la rendait nerveuse.

« Sois une grande fille, Jane », trancha-t-elle, « il ne reste plus qu'une dizaine de kilomètres. » Ce n'était pas un début prometteur pour leurs vacances. Jane n'était allée qu'une seule fois à l'étranger, en Toscane, deux ans avant, avec ses cousines. Cela avait été les deux meilleures semaines de sa vie, entourée par une famille chaleureuse, dans une luxueuse villa louée avec une immense piscine, et des plaisirs et excursions tous les jours. Ils étaient partis pour Pise en avion et avaient continué dans deux autos de location, arrivant après un court trajet qui semblait faire partie de la fête. Le paysage avait enchanté Jane : rondes collines couvertes d'arbres verts, charmantes petites églises, immenses fermes de pierres aux toits de tuiles et granges massives qui lui rappelaient les images de villas romaines de son livre d'histoire.

Depuis, la mère de Jane avait épousé Alan, qui enseignait l'art à l'école où elle-même était professeur d'anglais, et Jane, élève. Jane éprouvait encore des sentiments confus sur les changements advenus. Elle se souvenait à peine de son père, parti pour l'Amérique quand elle avait cinq ans et qu'elle n'avait pas revu depuis. Ils vivaient toujours dans la même villa à la lisière d'une petite ville de marché dans le Lincolnshire, et Jane s'y sentait tout à fait chez elle, soulagée de ne pas être allée vivre dans le cottage d'Alan, qui était maintenant loué. C'était bon de voir sa mère heureuse avec quelqu'un pour l'épauler, mais Jane regrettait les moments intimes qu'elles avaient partagés, sentant souvent entre elles la présence d'Alan. Dans l'ensemble, ils ne s'entendaient pas mal, mais Alan et Jane se méfiaient encore un peu l'un de l'autre et il y avait parfois des frictions ou des bouderies qui ne semblaient pas s'arranger avec le temps.

Aussi la pensée d'un mois entier réunis, et comme hôtes étrangers, était-elle assez déprimante. Ils étaient invités par un vieux camarade d'université d'Alan, le professeur Colin Hardy, pour lui tenir compagnie ainsi qu'à son fils Nick qui en temps normal vivait avec sa mère.

« Colin dit que ce sera bien d'avoir deux femmes autour de lui pour faire la cuisine et tenir la maison », avait commenté Alan non sans provocation, quand il leur avait lu la lettre du professeur deux mois auparavant. Gill et Jane n'en avaient tenu aucun compte, bien entendu. Aucune d'elles ne faisait de travaux ménagers en dehors du strict minimum et, tout en aimant la bonne chère et faire la cuisine à l'occasion, Gill avait plutôt tendance à acheter bon marché dans des grandes surfaces qu'à courir après des recettes. De temps en temps Gill décidait de se mettre au régime, mais cela ne durait que quelques jours. Jane désirait être mince, mais elle avait toujours été une enfant bien en chair et se disait qu'elle ne tarderait pas à ressembler à sa mère. Alan pensait qu'il y avait des choses plus graves. Lui, évidemment, était d'une minceur exaspérante, alors qu'il mangeait plus que tout le monde.

« Est-ce que le professeur est un vieux monsieur avec une barbe blanche ? » avait demandé Jane.

« Certainement pas, il a le même âge que moi. » Jane ne voulait pas le dire, mais elle trouvait Alan très vieux. Elle savait qu'il avait quarante-huit ans, quatre ans de plus que sa mère. Comme elle en avait douze, elle les trouvait âgés tous les deux.

« Son fils a quel âge ? » s'enquit-elle. Nick avait treize ans ; elle ne pensait pas qu'ils puissent avoir grand chose en commun.

« En plus il est ici pour étudier », observa Alan. « Apparemment il a eu un très mauvais bulletin le dernier trimestre, et sa mère en a plus qu'assez. Colin dit qu'il est assez brillant, mais paresseux comme une couleuvre ; il ne restera pas à St-Benoît sauf s'il daigne se mettre au travail. » Alan expliqua que la mère de Nick était catholique et voulait qu'il aille à l'école où ses frères avaient été élèves.

« Cela fait très luxueux », avait commenté Gill, mais apparemment, la famille était à l'aise.

« Y a-t-il une piscine ? » demanda Jane. Alan avait séjourné dans la maison française de Colin quelques années auparavant, et put lui dire qu'il n'y en avait pas. De toutes façons, Jane était moins qu'enthousiaste à l'idée de ce séjour.

Elle fut soudain arrachée à ses réflexions par une brusque embardée comme ils prenaient un virage et grimpaient sur une piste crayeuse.

« Nous voilà », dit Alan, « ça n'a pas du tout changé. »

« Dieu merci, il ne pleut plus », dit Gill. Ils s'extirpèrent de la voiture et étirèrent leurs membres gourds. Il faisait tout à fait sombre maintenant, mais pas froid du tout. On ne voyait pas d'étoiles et Jane pouvait seulement distinguer une maison de pierre dans une petite cour avec une lumière sur la porte d'entrée dans une treille. Un homme aux cheveux mi-longs, roux pâle, avec un visage taché de son, sortit à leur rencontre. Il portait des knickers et des chaussettes hautes, ce que Jane trouva démodé, et plutôt excentrique ; et quand il parla, il avait une voix assez affectée.

« Alan, mon cher ami, ravi de te revoir et d'accueillir ta nouvelle famille. »

« Plus si nouvelle », dit Gill en souriant, poussant Jane pour la présenter, « nous avons déjà fêté notre première année de mariage. » Comme ils entraient dans la maison, Jane murmura :

« Où sont les petits coins, Maman ? » Très vite, chacun fut dirigé de son côté, et les hommes se mirent à décharger l'auto. La maison, qui semblait petite de l'extérieur, était en réalité très spacieuse, dans le genre plutôt désordonné. Ils étaient entrés par la salle à manger, où une grande table de ferme était mise pour le dîner. La cuisine - plutôt une kitchenette en réalité - était à l'autre bout de la pièce. Un petit escalier conduisait à la chambre où dormait Colin, qui comportait une salle de douche. Un peu en dessous, une porte donnait sur un petit salon avec deux vieux divans avachis et une quantité de livres entassés sur des étagères ; puis d'une petite entrée, on voyait quelques portes et une bonne grosse échelle. La première porte menait à la chambre de Jane et la seconde à la principale salle de bains. L'échelle conduisait à une pièce mansardée destinée à Alan et Gill. Jane se demandait où était Nick et où il couchait.

« Il arrive demain », dit le professeur ; « à Bordeaux, par avion. Qui veut venir avec moi le chercher ? » A la grande joie de Jane, Alan dit qu'il irait volontiers et Gill qu'elle préférait rester à la maison. Ils avaient fait suffisamment de route. Quant à savoir où il dormait, la réponse était : « dans le salon ». Jane avait peur de le priver de sa chambre, mais à sa grande surprise, elle comprit qu'il n'était encore jamais venu voir son père en France. Les rares séjours qu'ils avaient passés ensemble avaient eu lieu dans les Midlands où le professeur habitait durant l'année scolaire.

Les adultes se montrèrent très efficaces. Le temps que chacun ait fait un peu de toilette, Alan avait disposé les bagages et les sacs de couchage sur chaque lit et Gill avait préparé le lit de Jane. Pendant ce temps, le professeur faisait chauffer la soupe, allumait les bougies sur la table, coupait le pain et retirait du réfrigérateur toutes sortes de bonnes choses. Jane se sentit beaucoup mieux rien qu'à leur vue ! Elle s'assit joyeusement et le professeur demanda à Gill de servir le potage car ce serait son rôle désormais. C'était de la soupe aux épinards, épaisse, verte et crémeuse, et Gill se montra surprise en apprenant qu'elle sortait d'une boîte en carton achetée au supermarché. Il y avait aussi du pain blanc, croustillant et moelleux à l'intérieur, et du beurre. Les autres plats étaient garnis de tranches de rôti et de fromages divers. Il y avait un grand saladier empli de feuilles rouges et vertes remuées dans une délicieuse vinaigrette et un autre plein de fruits, une bouteille de vin rouge et de l'eau minérale.

Les invités se montraient ravis et élogieux entre deux bouchées mais Colin coupa court un peu sèchement. Il ne désirait pas jouer le rôle de pourvoyeur : c'était maintenant celui de Gill pour les vacances.

« Tout est venu conditionné du supermarché, ce matin », dit-il. Tandis qu'ils savouraient d'odorantes pêches jaunes, le professeur accomplit son dernier acte ménager en faisant le café, dans une grande cafetière en verre. On avait accordé à Jane un verre de vin - elle comprit qu'il n'était pas cher du tout en France - et, entre le vin et la fatigue du voyage, elle se sentit soudain gagnée par un désir irrépressible de se pelotonner dans son lit. Aussi, après des adieux écourtés, descendit-elle dans sa petite chambre où elle trouva sa chemise de nuit sous son oreiller ; prenant à peine conscience du décor, elle se blottit sous son duvet et sombra dans le sommeil.

CHAPITRE II

Au milieu de nulle part

Jane s'éveilla avec le soleil qui inondait sa chambre. Un moment elle ne se rappela plus où elle se trouvait mais sa mémoire revint dès qu'elle s'assit. Elle était dans une petite chambre ; les murs étaient de pierres nues : des blocs d'un blanc crayeux liés avec du mortier de même teinte. A sa droite, le mur était curieusement incurvé. Le sol était carrelé de rouge, comme chez elle dans la cuisine, mais recouvert d'un petit tapis. Pour tout mobilier, une vieille garde-robe qui prenait presque toute la place et une chaise où elle avait posé la veille son survêtement. Elle trouva sa montre sur une petite étagère blanchie à la chaux, en saillie dans la courbe du mur. Il n'était pas encore huit heures.

Le soleil passait par la porte-fenêtre qui occupait presque tout le dernier mur. Jane sauta de son lit, bien réveillée maintenant, et manœuvra la porte. Elle fut un peu choquée de l'ouvrir si facilement : n'importe qui aurait pu entrer la nuit et l'enlever ! Elle se trouva dans un petit jardin clos avec au centre une table en plastique blanc et quatre chaises assorties. Le petit mur qui l'entourait était garni de plantes grimpantes : Jane reconnut les verges d'or et les roses trémières dépassant le mur couvert de tuiles. Au-delà, des champs de tournesol et des bois. A gauche, dans une cour blanche étaient garés la voiture d'Alan, et le fourgon VW du professeur ; le mur de droite devait être celui de la maison voisine. Il était sans fenêtre et Jane n'y voyait d'autre intérêt que la curieuse frise festonnée sous l'avancée du toit de tuiles. *

Elle rentra, fit sa toilette, et s'habilla, puis trouva à l'estime la cuisine où sa mère faisait du café. Elle avait déjà préparé la table avec une nappe à carreaux rouges et quatre grandes tasses, soucoupes et assiettes. Elles se dirent bonjour et Gill montra à Jane le tiroir des couverts, l'étagère des confitures. Puis Gill prit dans le réfrigérateur le beurre, le lait et les yaourts, une boîte de jus d'oranges, et Jane trouva les verres.

« Maintenant, nous avons tout sauf du pain », dit Gill, mais tout ce qu'elle dénicha était un bout de baguette de la veille, impossible à couper. A ce moment là parut Colin, avec ses mêmes culottes démodées ; Jane se demandait où diable il trouvait de pareils vêtements, et pensa qu'il devait être un homme très vaniteux pour s'attifer comme un personnage de Tintin.

« Il convient », dit-il avec emphase, « que votre initiation à la vie à la campagne en France passe par la quête du pain. Comme c'est le premier matin, vous pouvez y aller en auto avec votre mère, mais demain vous irez avec Nick à bicyclette. »

« Avez-vous des bicyclettes ? » demanda Jane assez sottement, « j'adore rouler à vélo. N'y a-t-il aucun danger ici ? »

« Pour la circulation », dit Colin, « il y en a très peu. Quant à de méchants hommes, je n'ai jamais rien entendu dire depuis mon arrivée ici. Nous avons deux bicyclettes dans la grange, mais on peut toujours en louer à Ribérac.

(*Note de l'éditeur : c'était la génoise.)

15

C'est une ville de marché à vingt minutes environ », expliqua-t-il. Gill aimait ce mot de marché.

« Y a-t-il un jour de marché ? » demanda-t-elle.

« Le vendredi. Demain. Nous pourrons tous y aller », dit le professeur. Gill mit le couvre-théière sur la cafetière et descendit avec Jane au village, en suivant les indications de Colin.

« A gauche en sortant de notre cour, roulez jusqu'en bas du chemin, prenez à droite la route nationale ; la boulangerie est au bout du village, sur la droite. » Elles s'étonnaient de voir les lieux en plein jour. Pégrillou était donc la dernière maison au bout du chemin qui conduisait à la forêt. Ce que Jane avait pris pour la maison voisine était en réalité la grange dont avait parlé Colin.

« C'est pourquoi il n'y a pas de fenêtres ! » s'exclama Jane. « Nous sommes au milieu de nulle part ! » Elle ne savait pas au juste si cette idée lui plaisait ou l'inquiétait. Cependant la maison la plus proche n'était pas loin dans la descente, puis elles traversèrent un hameau appelé 'Fougères' - c'était signalé au bord de la route - comportant une demi-douzaine de maisons anciennes, certaines précédées de jardins, et l'une d'elles avec une cour assez imposante flanquée de deux piliers de pierre surmontés d'urnes. Peu après elles débouchèrent sur la route nationale, tournèrent à droite et se trouvèrent très vite à Chapdeuil.

« N'est-ce pas joli ? » s'exclama Gill. Il y avait des maisons anciennes et importantes, toutes construites dans la même pierre blonde, certaines particulièrement intéressantes par les sculptures encadrant portes et fenêtres. Une petite rue sur la droite menait à la vieille église du village et Jane eut le souffle coupé à la vue d'une tour féerique derrière un mur bas.

« Est-ce un château ? » demanda-t-elle. Gill se souvint d'avoir vu des croquis qu'avait faits Alan lors de son dernier séjour chez Colin quelques années auparavant.

« Nous reviendrons pour mieux le voir quand les hommes iront à Bordeaux », promit-elle. Jane se souvint qu'ils devaient aller chercher Nick et se réjouit d'avoir sa mère pour elle seule presque toute la journée. Cela n'arrivait plus bien souvent.

Elles étaient maintenant à la boulangerie. Il n'y avait aucun problème pour se garer : elles n'avaient rencontré, ni auto, ni personne pendant leur trajet. Sur la fenêtre d'une boutique sans âge était écrit *BOULANGERIE* en lettres dorées. Une sonnette tinta comme elles entraient et une jeune femme apparut derrière le comptoir au fond de la boutique. D'odorantes miches de pain et des baguettes de formes et de tailles variées étaient rangées sur un râtelier en bois. Les femmes se dirent « bonjour » et Gill dit :

« *Une baguette, s'il vous plaît.* »

« *Quatre francs cinquante* », dit la boulangère en la lui tendant.

« *Merci* », dit Gill en tirant les pièces de son porte-monnaie, et elles sortirent avec le pain. « Eh bien, ce n'était pas si difficile », dit-elle. « Tu peux faire ça ce soir, n'est-ce pas ? »

Au retour, Jane prit le pain et ne put résister à l'entamer un peu, tant il sentait bon. L'expédition n'avait pris en tout que dix minutes. Elles trouvèrent les deux hommes attablés, savourant le jus de fruits et le café que Gill avait mis sur la table. Bientôt tous attaquaient à pleines dents le pain croustillant et la confiture et Gill dressa une liste d'achats pour Alan. On avait décidé de partager en deux les frais, ce que Jane trouvait très généreux puisqu'ils étaient trois, et leurs hôtes deux ; mais Gill tiendrait la maison avec Jane tandis que les hommes travailleraient. Le professeur écrivait un livre sur les églises romanes des environs, Alan ferait des aquarelles pour une exposition à Lincoln cet hiver et Nick ses révisions. Gill passa rapidement la petite cuisine en revue. Elle ne comportait ni garde-manger ni congélateur. Les restes du dîner de la veille suffiraient à son déjeuner avec Jane, et il y avait des œufs et des fruits.

« Tout ira bien jusqu'à demain », déclara-t-elle, « et nous irons au marché de Ribérac. Tu pourras trouver de bons sujets de croquis », dit-elle en se tournant vers Alan. Ce dernier était déjà prêt pour le départ. Il aida Gill à desservir la table et à charger le lave-vaisselle (elle était vraiment contente d'être débarrassée de cette corvée) et les hommes s'installèrent dans le Volkswagen. Il était bientôt dix heures et la matinée semblait encore fraîche. Le ciel était très bleu mais la chaleur n'arriverait pas avant l'heure du déjeuner.

Mère et fille parcoururent la maison en tous sens, essayant de mettre un peu d'ordre, mais ce n'était pas facile car tout était vieux et poussiéreux. Elles ne voulaient pas entrer dans la chambre de Colin, ni déplacer les livres et les papiers au salon. Gill trouva des toiles d'araignées qu'elle aspira avec les miettes du petit déjeuner sur le sol carrelé. Jane retapa son oreiller et son duvet, et suspendit ses vêtements dans la penderie. Elle disposa ses affaires de toilette dans la salle de bain et se brossa les cheveux. Ils étaient courts et bruns avec un léger mouvement et Jane n'en était pas fière. Elle se regardait dans la glace et se demandait pour la énième fois si elle était jolie ou quelconque, et si elle embellirait en grandissant. Elle espérait être un jour grande et mince avec des longs cheveux blonds. Pour la couleur, elle pourrait s'arranger, et la longueur viendrait, sans doute... mais grande et mince ? En pensant à sa mère, elle savait que c'était peu probable. Elle regardait ses joues rondes, roses de bonne santé, essayant de se voir comme un ange de Botticelli.

Son visage était si près de la glace que ses yeux semblaient se rejoindre dans un tunnel, qu'elle imagina pouvoir explorer. Si elle pouvait le parcourir sur un ou deux miles, elle plongerait dans son propre esprit et comprendrait tout. C'était une merveilleuse perspective. Jane rêvait de savoir où elle était avant de naître, et s'il y avait un endroit qui l'attendait après sa mort. Elle était trop avisée pour discuter de ces questions. Elle avait déjà essayé. Les adultes lui racontaient des histoires et lui disaient de ne pas avoir ces idées morbides. Les enfants de son âge étaient encore moins compréhensifs.

« Tu dois être malade », lui avait-on dit plus d'une fois, aussi Jane gardait-elle maintenant pour elle ses pensées bizarres, mais elle se sentait parfois bien seule et rêvait d'avoir une amie avec qui les partager.

Il lui était arrivé d'imaginer des amis du passé avec tant de précision qu'elle croyait presque les avoir vus réellement et leur avoir parlé. Elle avait parfois des rêves merveilleux qui la laissaient pensive toute la matinée, à moitié convaincue que quelque chose de passionnant s'était vraiment passé.

Jane était connue à l'école pour être une rêveuse. Elle s'asseyait près de la fenêtre au fond de la classe, et regardait toujours dehors, les yeux dans le vague. Elle n'était pas très bonne élève. L'anglais et l'histoire étaient ses matières préférées ; elle aimait l'art aussi, mais c'était très frustrant. Quelle peine elle se donnait pour maîtriser ses instruments, elle était maladroite et n'y arrivait pas du tout. Crayon, plume ou pinceau, c'était tout la même chose : elle savait bien ce qu'elle voulait reproduire mais le résultat la décevait toujours. Son écriture était négligée et l'orthographe ne lui était pas naturelle. Les maths et les sciences lui étaient étrangers, et les jeux la pire des humiliations. En éducation physique elle se sentait un éléphant sur de la porcelaine, terriblement complexée par ses grosses cuisses dans son short de gymnastique. Quand les autres grimpaient à la corde et touchaient le plafond, Jane restait bêtement cramponnée en bas ; ses bras n'étaient pas assez forts pour supporter son poids. Mais le pire était quand on formait des équipes. Jane en aurait pleuré de honte quand elle était régulièrement écartée pour finir par tomber d'un côté ou d'un autre, par défaut, non par choix. Elle arrachait la pelouse, les yeux baissés, feignant l'indifférence, jouant la princesse captive dans un marché aux esclaves, imaginant qu'elle était bien soulagée de ne pas avoir été vendue.

« Viens, Jane ! » La voix de sa mère résonna et la ramena au présent. « Cesse de rêvasser et viens te promener. »

Jane sortit, enjouée, heureuse de sentir les chauds rayons. Il faisait étonnamment frais à l'intérieur, car les murs étaient épais et il y avait peu de fenêtres. Les deux femmes regardèrent le sentier qui conduisait au bois. Il était à la fois attirant et un peu effrayant. D'un commun accord elles refirent le trajet du village, mais à mi-parcours, Gill suggéra de prendre sur la droite un chemin herbeux.

« Je suis sûre qu'il mène au château », dit-elle. En effet, elles ne tardèrent pas à voir la grande tour. Un mur longeait le sentier, et au-delà, une prairie. Sur la gauche, il y avait des jardinets où petits pois, haricots, poireaux et carottes s'alignaient comme des soldats à la parade. Une vieille femme en robe imprimée et chapeau de paille était occupée à sarcler, elles se dirent « bonjour » au passage.

Arrivant au château, elles furent agréablement surprises de le trouver entouré d'une douve ; une berge herbeuse était surmontée d'un mur bas couronné de larges pierres, une croix s'élevait dans un angle. Elles se hissèrent et contemplèrent la vieille demeure. Elle était à vrai dire assez petite, mais très belle. On ne pouvait pas savoir si elle était habitable, mais le jardin était bien entretenu. L'herbe était fraîchement tondue, ponctuée de grandes urnes ornementales. L'eau des douves était verte, des nénuphars s'ouvraient parmi des herbes folles, leurs coupes jaunes épanouies sous le soleil. A la grille d'entrée était signalé *'Propriété Privée'*.

Tandis que Jane et Gill ne perdaient rien du spectacle, un homme imposant apparut sur le parvis de l'église à main droite. Il portait un vieux costume gris, malgré la chaleur, avec un pull-over marron à col roulé. Le français de Gill n'était pas merveilleux et Jane n'en avait fait qu'un an à l'école ; ce n'était pas facile d'engager la conversation. A vrai dire, Jane ne dit presque rien et ce n'est que sur le chemin du retour que Gill lui traduisit ce qui s'était dit.

Nancy B. Roberts
©1997

Mais avant, il y avait le reste du village à explorer. Comme il était très petit, ce fut vite fait. La boulangerie était la seule boutique, mais il y avait un café où l'on servait des repas simples. Elles jetèrent un coup d'œil sur l'église sans y entrer. L'une des maisons les frappa par sa beauté. Gill supposa que c'était un ancien prieuré. Il y avait à côté une sorte de court tunnel voûté qu'elles empruntèrent, passant sous la maison. Il était pittoresque mais elles n'en voyaient pas l'utilité, puisqu'il y avait un excellent passage de l'autre côté. La mairie était assez grande, mais plus récente que les autres maisons.

« Est-ce que cet homme ne disait pas être le maire ? » demanda Jane.

« Oui », répondit Gill.

« Que disait-il à propos du château ? J'ai entendu qu'il en parlait. »

« Apparemment il appartient à des Parisiens. Ils ne viennent pas très souvent, mais quelquefois pour les week-ends. »

« Je l'ai entendu dire 'week-end'. Les Français ont l'air d'employer un tas de mots anglais, n'est-ce pas ? »

« Oui, mais c'est normal, car nous-mêmes utilisons beaucoup de mots français. Pense aux noms de viandes : pork, beef, mutton pour *porc, bœuf, mouton.* »

« Je sais », dit Jane, qui avait étudié les Normands en histoire, « c'est parce que seuls les Normands pouvaient en avoir. Les Saxons étaient trop pauvres pour manger de la viande. »

Elles parlaient avec tant de passion qu'elles se retrouvèrent en un rien de temps à la maison, et avaient déjà de l'appétit. Jane coupa le reste du pain en tranches qu'elle mit sur un plateau avec les couverts et les verres ; Gill apporta leurs assiettes remplies des bonnes choses restées de la veille ; elles s'installèrent sur la terrasse.

« Dieu, qu'il fait chaud ! » s'exclama Jane après leur déjeuner. « J'aurais bien aimé une piscine ! »

Elle fila mettre une blouse vague et revint pieds nus avec son livre. Elles trouvèrent des chaises longues et s'installèrent confortablement pour une bonne lecture. Jane aimait les livres d'autrefois et commençait juste E. Nesbit 'L'histoire de l'Amulette' ; mais elles avaient si bien mangé, il faisait si chaud que, encore un peu lasses du voyage, elles ne tardèrent pas à s'assoupir.

CHAPITRE III

Nick

Jane rêvait du château. Elle grimpait un escalier de pierre en spirale, avec d'étroites marches usées. Elle montait toujours, ne s'arrêtant que pour entrevoir les douves vertes à travers une fenêtre. La vue n'était pas étendue car les fenêtres n'étaient que d'étroites fentes, conçues pour que les archers lancent leurs flèches, et laissaient passer peu de lumière. Il faisait froid dans la tour et Jane était à bout de souffle. Elle se trouva soudain sur un palier, devant une robuste porte en chêne cloutée. La poignée était un anneau en fer torsadé. Elle la tourna doucement et risqua un coup d'œil. Une jeune fille, peut-être un peu plus âgée qu'elle, était assise sur un tabouret à trois pieds. Elle parut inquiète à l'arrivée de Jane, mais fut pleinement rassurée en voyant sa jeunesse.

Elles se regardèrent un instant. Jane pensa que la jeune fille pouvait avoir dans les quatorze ans. Elle avait d'épais cheveux blonds tressés et portait une longue robe verte avec une encolure basse et de longues manches descendant en pointe au-dessous de ses poignets. Elle se regardait sur un morceau de cuivre poli, taillé comme un miroir à main qu'elle reposa sur une table basse, puis elle s'adressa à Jane.

Que disait-elle ? Jane ne put comprendre un seul mot, mais elle aurait plutôt pensé à de l'espagnol. La jeune fille était manifestement triste et soucieuse, pourtant elle semblait heureuse de voir Jane, s'avança vers elle et lui mit la main sur le bras. Il se produisit alors quelque chose d'étrange : Jane ne sentit aucun contact. C'était comme de voir passer un train à toute allure et d'essayer de communiquer avec un voyageur. Les deux jeunes filles ne se sentaient pas à l'aise. Jane essaya d'être rassurante avec un sourire et fut contente d'en recevoir un en retour. Puis Jane sentit une petite tape sur son épaule et vit sa mère debout près d'elle avec une tasse de thé. Il faisait étrangement frais pour une journée ensoleillée et Jane prit la tasse avec reconnaissance ; elle s'assit et tenta de se rappeler son rêve mais, déjà, il s'effaçait.

« Il est cinq heures et demie », dit Gill, « ils devraient être là d'ici une heure. Nous pourrions mettre le couvert et peler des pommes de terre. » Jane suivit sa mère dans la cuisine. Il y avait un poste de radio sur une étagère. Elle l'alluma et tourna les boutons jusqu'à ce qu'elle trouve de la musique.

« Penses-tu qu'on pourrait voir des fantômes dans les rêves ? » demanda-t-elle, mais, comme Jane s'y attendait, Gill répondit qu'elle ne croyait pas aux fantômes. Gill furetait dans le placard en cherchant ce qu'il fallait pour faire un pudding. Elle trouva de la farine, du beurre et du sucre, de quoi faire des sablés.

Jane adorait aplatir les ronds de pâte avec ses mains et torsader les bords. Elle divisa chaque gâteau en huit avec la pointe d'un couteau, puis s'amusa à faire une toile d'araignée en piquant la pâte avec une fourchette. Gill avait chauffé le four et elles mirent le shortbread à cuire pendant une demi-heure, tandis que les pommes de terre mijotaient.

Tout fut prêt bien avant l'arrivée des hommes. Le couvert était mis, les pommes de terre cuites et le gâteau, doré et saupoudré de sucre, refroidissait. Tout à coup, Jane pensa au pain. Elles l'avaient complètement mangé au déjeuner!

« La boutique sera fermée maintenant ! » gémit-elle. Mais Gill était plus optimiste. Les boulangers français, semblait-il, restaient ouverts très tard. Jane n'avait pas envie d'y aller, aussi Gill prit les clefs de la voiture et se mit au volant.

« Tu resteras bien quelques minutes seule, n'est-ce pas ? » cria-t-elle par-dessus son épaule en démarrant. Jane n'en était pas si sûre. Elle se sentait un peu angoissée, sans voisins proches. Le soleil brillait encore, mais sans chaleur. Les feuilles dans les bois bruissaient dans le vent léger. La forêt semblait à la fois pleine d'attraits et de dangers.

Jane se détendit sur sa chaise longue et se demandait si elle aimerait Nick et s'il l'aimerait. Il y avait dans le salon une photo de lui, avec une chemise de sport. Il avait l'air assez suffisant, mais par ailleurs ne ressemblait pas beaucoup à son père. S'il était aussi mince et poseur que sur la photo, il n'aurait sans doute aucun moment à lui consacrer. Elle se demandait s'il ferait bande à part avec son père et Alan, et s'ils feraient des excursions ensemble en la laissant avec sa mère. Parfois Jane regrettait de ne pas être un garçon. Quoi qu'on en dise, ils semblaient avoir encore la meilleure part.

Mais chaque fois qu'elle pensait à cela, Jane était contente de ne pas avoir la responsabilité de faire son chemin dans le monde et de poursuivre une carrière. La seule chose qu'elle désirait vraiment était d'être poète ou romancière, mais elle n'osait en parler à personne. Elle ne pensait pas avoir jamais beaucoup d'argent, mais la pensée de devoir se lever tôt tous les jours et de travailler pour quelqu'un qui lui dirait quoi faire, sans avoir du temps pour flâner, la déprimait. En grand secret, son espoir était de se marier, de devenir mère de famille avec beaucoup d'enfants, et de ne pas être obligée de travailler, mais elle gardait ses idées bien cachées. Elle savait qu'en disant cela, elle serait considérée comme désespérément d'un autre âge !

Mais le bruit lourd d'un fourgon diesel s'amplifia et Jane sortit à la rencontre des voyageurs, bientôt rejoints par Gill avec une grosse miche de pain. Les adultes sortirent de l'avant de la voiture, Nick de l'arrière, avec un sac à dos. Il portait des jeans, de lourdes bottes de cuir, un tee-shirt gris percé, et son sourire était à la fois suffisant et timide. Colin le présenta à Gill et Jane. Il dit « Hello! » d'un air désinvolte sans les regarder.

Alan apporta deux grands sacs de vivres et des bouteilles de vin dans la cuisine et les donna à Gill qui put enfin mettre la viande à griller et gratter les carottes. Alan déboucha le vin et offrit un verre à chacun, mais Nick ne voulait que de l'eau minérale et Jane mélangea les deux, au grand scandale de Colin. Celui-ci avait rapporté un guide de Bordeaux et Gill et Jane le parcoururent tandis que cuisait le repas. C'était une grande ville, un peu comme Paris, se dit Jane en regardant les photos de maisons luxueuses.

Nick s'installa au salon. Il dormirait sur le divan préparé par son père, mais son duvet était couvert d'un jeté de lit à fleurs bleues et vertes sur lequel on pouvait s'asseoir. Il sortit ses trésors de son sac à dos et les posa sur une étagère en poussant les livres pour faire de la place. Jane l'observait.

D'abord il extirpa un appareil photo, puis plusieurs boîtes de cuir contenant ses objectifs et les pièces qui allaient avec. Ensuite il trouva ses jumelles qu'il dit très puissantes. Il y avait une lampe électrique qui pouvait faire des tas de choses et un grand canif plein d'accessoires. Puis il trouva une élégante bouteille Thermos de grande valeur, dit-il, car incassable. Puis vinrent une demi-douzaine de livres, la plupart sur les avions de combat, suivis de quelques manuels scolaires et de deux cahiers. Enfin ses vêtements : des tee-shirts en lambeaux et deux chemises plus épaisses avec des manches mais sans cols. Il y avait un pull marin qui commençait à s'effranger, deux shorts et un slip de bain, des sous-vêtements, des chaussettes, et une paire de baskets. Cela n'impressionna nullement Jane.

« Tu te plais à l'école ? » demanda-t-elle à Nick.

« Ça va », dit-il d'un air indifférent sans la regarder. « J'ai été renvoyé de ma dernière école », ajouta-t-il.

« Pourquoi, donc ? »

« Pour avoir écrit un poème. » C'était merveilleux, un garçon qui écrivait des poèmes et se faisait renvoyer pour ça !

« A quel sujet ? »

« Une des religieuses. Je ne l'aimais pas et elle ne pouvait pas me sentir. J'ai fait un poème stupide et un dessin d'elle et j'ai écrit son nom dessus. Il a fait le tour de la classe mais tout le monde a eu un tel fou rire qu'elle soupçonna quelque chose. Elle était furieuse en le lisant. »

« Peux-tu te le rappeler ? » demanda Jane. Nick leva les

yeux avec un sourire affecté et récita d'un chant monotone comme si c'était une comptine pour sauter à la corde :
« Adam Adamant pour s'amuser
Montra ses fesses à la sœur Amadée
Mais la nonne, bien téméraire,
Montra à Adam son derrière ! »
« Sapristi ! » s'exclama Jane. Elle n'était pas très sûre du sens de quelques mots mais cela lui parut rudement grossier. En même temps elle était impressionnée : Nick devait être très intelligent.
« Tu aurais vu le dessin ! » dit Nick avec un air espiègle. « L'ennui est que ma mère est catholique et que je suis censé l'être aussi. Maintenant il faut que je bosse sérieusement dans cette pension où allaient mes oncles, autrement ils vont me supprimer mon argent de poche, me faire prendre un job pendant les vacances et j'irai au collège de la ville. Quelle barbe ! » Nick soudain parlait comme son père.
« Qu'est-ce que tu veux faire après tes études ? »
« Rien. Flâner, me laisser vivre. »
« Que veux-tu dire ? »
« Oh, être payé pour faire très peu. Ou peut-être je pourrais me faire entretenir par ma famille pour rester outre-mer. Tu sais, comme sous la reine Victoria. Recevoir un chèque mensuel pour rester au loin ! A vrai dire, j'aimerais être photographe ou journaliste. »
Jane commençait à sentir une certaine sympathie pour Nick, et elle le trouvait vraiment très beau. Elle se demandait s'il pourrait jamais l'aimer, mais n'osait pas en attendre autant. Il penserait sans doute qu'elle n'était qu'une petite fille rondelette.

« J'ai aussi un travail à faire », dit-elle en espérant éveiller son intérêt, « j'aimerais faire un exposé sur les monastères. Voudrais-tu m'aider ? Tu dois tout connaître là-dessus. » Sa classe avait étudié le Moyen Age, elles faisaient leurs exposés en groupes. Jane avait voulu faire un des sujets les plus attrayants : les châteaux, les chevaliers, les dames, mais les éléments les plus brillants de la classe s'étaient jetés dessus et il ne restait plus qu'à choisir entre les monastères et les paysans.

« Le dîner est prêt ! » dit Gill de la pièce voisine, et les enfants se précipitèrent, alléchés par la délicieuse odeur de grillade. Quand les appétits furent calmés, les grandes personnes goûtant tous les fromages tandis que Nick et Jane se jetaient sur la crème glacée, la discussion allait bon train.

Le professeur leur dit que sur les huit cents églises du Périgord, plus de cinq cents étaient romanes. Il expliqua que c'était le style appelé 'normand' en Angleterre, caractérisé par de robustes voûtes en berceau et des piliers ronds. C'était un style simple, dit-il, comparé au gothique, qui vint après, avec ses voûtes plus hautes et élancées, mais il préférait quant à lui, les formes anciennes. Ils avaient dû remarquer les panneaux signalant le 'circuit roman' jalonnant un parcours de village en village. Nick et Jane aimeraient sûrement le découvrir à bicyclette, et Nick pourrait prendre des photos. Jane était un peu déçue, elle avait cru qu'il s'agissait de vestiges romains, de cirques ou d'amphithéâtres comme les images du Colisée qu'elle avait vues sur son livre. Mais elle se redressa soudain quand elle entendit le professeur parler de ce qui semblait bien être un trésor !

« Il a environ huit pouces de long », disait-il, « et il a la forme d'une main, mais faite d'or pur constellé de rubis, de perles et d'émeraudes. Un chroniqueur l'a vu vers 1135 et depuis lors, quelques références seulement l'ont évoqué parmi les trésors perdus. »

« A quoi servait-il ? » demanda Jane, déjà passionnée. Elle avait toujours rêvé de découvrir un trésor ; elle gardait les yeux rivés au sol quand elle se promenait, dans l'espoir de voir pointer une pièce perdue ou un fragment de bijou dans l'herbe ou dans un sillon. L'idée même de rubis et d'émeraudes l'attirait comme une friandise. Nick jouait avec sa dernière cuillerée de crème et un triangle de shortbread, mais il leva les yeux, curieux de l'intérêt passionné de Jane.

« Le reliquaire de saint Cybard », dit lentement Colin, « contenait son index. Il était vénéré comme une relique sacrée par les moines de l'Abbaye qu'il fonda à Angoulême, avec son compagnon saint Ausone. Cela se passait au IVème siècle, à l'époque gallo-romaine. Ils apportaient la chrétienté aux Gaulois, qui étaient encore païens, et dont les prêtres étaient des druides : vous en avez sûrement entendu parler. »

« Oui, dans Astérix », dit Nick non sans insolence.

« Bien. Vous savez sans doute que les chefs gaulois admiraient la civilisation romaine. Ils appréciaient le confort des villas romaines, avec leur système de chauffage central en sous-sol, les bains, les mosaïques, etc. Beaucoup adoptèrent les façons de vivre des Romains et leurs habillements. Certains de leurs princes les plus fortunés envoyèrent leurs fils étudier à Rome pour en revenir comme de véritables gentilshommes. »

« Est-ce pour ça qu'on emploie le mot roman ? » demanda Jane.

« Oui », dit Colin. « Cela signifie « style romain ». L'âge des ténèbres n'était pas réellement sombre mais à cette époque, très peu de gens savaient lire et écrire ; aussi en savons-nous moins sur ces siècles qu'avant ou après, quand les chroniqueurs étaient plus nombreux, ainsi que les documents conservés. Mais les musées sont remplis de véritables merveilles fabriquées alors par d'habiles artisans, et le reliquaire de saint Cybard qui a été perdu en faisait partie. »

« Que s'est-il passé à ton avis ? » demanda Alan.

« On a pu le cacher pour le sauver des barbares qui envahissaient les pays plus civilisés à la recherche de butin. » répondit Colin. « Cela arrivait souvent. Peut-être ceux qui l'ont caché, ont-ils été tués par les envahisseurs et le secret fut perdu avec eux. »

« Ou peut-être les barbares ont trouvé le trésor, l'ont transporté et fait fondre », intervint Nick sèchement.

« Où commenceriez-vous vos recherches ? » demanda Gill.

« On pourrait commencer par l'un des petits prieurés consacrés à saint Cybard. Il y a dix-huit églises et monastères portant son nom en Périgord. On aurait pu confier la sauvegarde du reliquaire à l'un des prieurs. »

« La vieille maison de Chapdeuil est-elle un prieuré ? » demanda Jane.

« Oui, avant la Révolution. Vous pouvez aussi inspecter l'église de Cercles. Elle n'est pas loin. Elle était rattachée au XIIème siècle à un prieur, qui dépendait de St-Cybard à Angoulême. »

« Pouvons-nous y aller demain ? » demanda Jane, mais Gill dit qu'ils iraient au marché, et suggéra de se coucher sans tarder pour se lever tôt. Jane voulait jouer au Scrabble mais Nick dit qu'il détestait ce jeu et voulait voir un film vidéo. Alan s'installa pour dessiner, et Gill prit son livre. Elle avait emprunté une biographie d'Aliénor d'Aquitaine à la bibliothèque et s'en régalait. Bientôt tous se dispersèrent pour la nuit.

CHAPITRE IV

Le marché enchanté

Les enfants cessèrent de pédaler dans la descente qui menait à la grand-route et se laissaient griser par la vitesse. Jane remarquait des détails curieux qui lui avaient échappé les autres fois. A l'embranchement de leur chemin, il y avait un petit lavoir de pierre avec des planches à laver inclinées, pour les villageoises d'autrefois. Il ne servait plus, l'eau verte était pleine d'algues. Une aire de pique-nique moderne était installée en face, mais elle n'aurait pas voulu y déjeuner au vu des passants. Par la rue du village qui montait un peu, ils arrivèrent à la boulangerie. Il y avait déjà deux femmes qui achetaient leur pain du matin. En attendant leur tour, les enfants eurent le temps de regarder les pâtisseries qui sentaient si bon.

« Je veux un *croissant* », dit Nick, et tout de suite Jane en voulut un aussi. Ils luisaient de beurre dans une grande corbeille, irrésistibles dans leur feuilleté doré. La plupart étaient en forme de *croissants* mais certains s'enroulaient autour d'une barre de chocolat dont l'odeur était bien tentante.

« J'en veux un », dit Jane en pointant son doigt. Les femmes sortaient de la boutique et la boulangère sourit aux enfants.

« *Des pains au chocolat* ? » dit-elle gentiment. 'Chocolate bread', cela leur semblait un nom bien ordinaire pour de pareils délices.

« *Oui, s'il vous plaît* », dit Jane avec application ; puis il fallut dire le nombre. Ils optèrent pour un *croissant* et un *pain au chocolat* chacun, plus trois *croissants* pour les adultes et une grande *baguette* qu'on leur avait demandée à la maison. Ils découvrirent qu'on disait simplement « *un pain* ». Jane trouva un billet de cinquante francs dans le porte-monnaie de sa mère et fut légèrement ennuyée de recevoir si peu de monnaie en retour. La femme du boulanger leur donna un sac en papier fin pour leurs pâtisseries et Nick prit le pain sous son bras.

Le retour fut un peu plus long que l'aller à cause des côtes.

« Regarde », dit Jane en passant devant le prieuré, « il y a une croix en pierre sur le mur, en face de celle du château. On dirait qu'elles se parlent. » La route passait entre les deux croix et ils regardèrent le passage voûté sous la vieille demeure.

« Tu sais », dit Jane, « je crois que la route est nouvelle et qu'autrefois, la seule route du village passait sous la maison ». Les enfants l'empruntèrent.

« Je reviendrai pour prendre des photos », dit Nick. La photographie était son hobby ces vacances, bien qu'il préférât prendre les oiseaux et les animaux en photos, spécialement les bêtes sauvages qu'il espérait voir dans les bois.

Ils montèrent la côte en soufflant, finirent debout sur leurs pédales et Jane sauta précipitamment pour éviter de déraper dans la cour crayeuse.

Les *croissants* et les *pains au chocolat* étaient aussi remarquables au goût qu'à la vue. On n'avait pas besoin d'y mettre du beurre car ils en contenaient suffisamment ; les enfants les mangeaient avec de la confiture et les parents les trempaient dans leur café. Cela devait rester une gâterie exceptionnelle. Gill ayant vu ce qui restait dans son porte-monnaie dit doucement :

« Je crains que nous ne puissions nous offrir de croissants que le dimanche, Jane. Je ne peux me permettre d'en acheter pour tout le monde chaque jour. » Jane se sentit un peu confuse.

Mais il était temps de partir pour le marché de Ribérac. Tous cinq s'engouffrèrent dans la Vauxhall, car Alan la trouvait plus facile à garer. Il devenait très difficile de trouver une place dans le parking, toute la région accourait au marché. Dès qu'ils approchèrent de la petite ville, ils furent pris dans les embouteillages. Les autos se dirigeaient lentement vers le grand parking, et ils eurent tout le temps d'observer les lève-tôt chargés de leurs emplettes revenant vers leurs voitures.

Chacun adopta le jeu de Nick consistant à « repérer les Anglais ». On devait se mettre d'accord sur la nationalité des passants. Les groupes familiaux en vêtements de vacances étaient distingués comme Anglais. Les gens âgés sans enfants ou les plus manifestement français étaient faciles à identifier ; Colin raffina le jeu et se réserva de repérer les Allemands et les Hollandais, ce qui était parfois confirmé si leurs voitures étaient en vue. Peu à peu, les premières voitures arrivées s'en allaient, aussitôt remplacées, jusqu'à ce qu'enfin Alan trouve une place à l'ombre près d'un bâtiment moderne appelé '*salle polyvalente.*' Cela sonnait drôlement pour des oreilles anglaises. Colin expliqua que ça signifiait 'multi-purpose hall' et servait pour des concerts, des spectacles et des expositions, aussi bien que des bals.

« Rappelez-vous bien où nous laissons la voiture », dit Alan, « et si l'un de nous se perd, qu'il revienne ici et attende. » Ce conseil s'avéra utile car chacun des cinq choisit une direction différente. D'abord, Jane voulut s'éloigner d'un endroit appelé *'marché au gras'* qui vendait des canards gras, énormes et jaunes avec encore leurs pattes et leurs becs. Il y avait aussi la camionnette du boucher qui vendait des volutes de tripes grises dont la vue lui soulevait le cœur. Alan passa si longtemps à regarder les outils et les machines que Gill s'ennuya et partit voir les fleurs. Le marché occupait une vaste surface mais tout était présenté avec méthode : les vêtements et les tissus d'un côté ; la porcelaine et les poteries d'un autre ; les fruits et les légumes au milieu. Gill donna à Alan une liste d'achats et demanda à Nick de l'aider avec Jane à porter les provisions qu'elle voulait acheter. Jane contemplait le vaste déploiement d'étals colorés, grouillant de monde avide d'affaires et de distractions, et se demandait s'il avait été très différent cent ou même mille ans auparavant. Elle se plaisait à penser qu'une personne âgée à la vue faible ne remarquerait presque aucun changement. Jane se rappela un livre qu'elle avait chez elle, 'Le marché enchanté', et elle pensa que les aquarelles d'Alan se vendraient bien sous ce titre.

« Si nous achetions des moules », suggéra Gill, « je pourrais faire des *moules marinière.* » Nick et Jane se montrèrent très enthousiastes, bien que n'en ayant jamais goûté. « Nous les prendrons sur le chemin du retour pour ne pas avoir à les trimballer. »

Tout en marchant, le petit groupe entendait parler anglais de tous côtés.

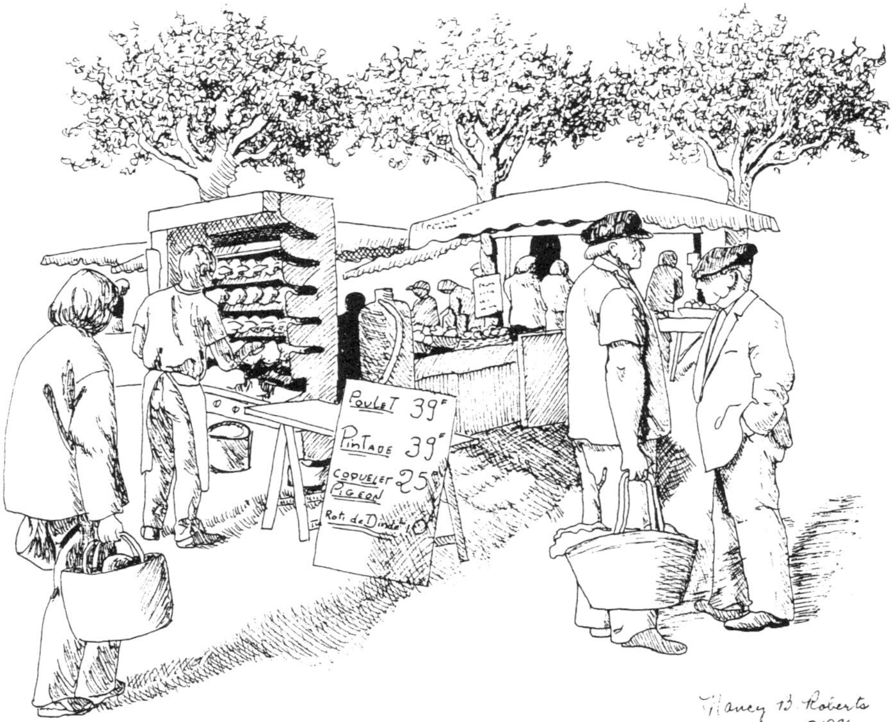

Nancy B. Roberts
©1996

« Les gens d'ici doivent se demander s'ils sont en Angleterre ou en France », dit Gill. « Aimes-tu la *ratatouille* ? » Nick n'en avait mangé qu'en boîte et dit qu'il en prendrait peut-être. Gill acheta tout ce qu'il fallait : oignons, ail, poivrons rouges, verts et jaunes, aubergines rondes et brillantes, tomates rebondies, courgettes et un bouquet d'herbes de Provence.

« On fait frire les oignons et l'ail dans l'huile d'olive », expliqua-t-elle, « puis on ajoute tout le reste coupé en morceaux, on remue un bon quart d'heure, et c'est délicieux chaud ou froid, et très amusant à faire. » Puis, elle acheta un bouquet de persil et deux citrons pour les moules. Elle partagea les emplettes en deux pour que les enfants les portent. Juste avant d'arriver au marché aux fleurs, ils sentirent l'odeur délicieuse de volailles rôties ; à un stand, les poulets dorés et luisants tournaient doucement autour de leurs broches.

« Ah ! Voilà ce que j'aimerais pour dîner », s'exclama Nick. Il y avait des poulets et des pintades qui semblaient d'un prix raisonnable, des canards un peu plus chers, ainsi que des plus petits oiseaux.

« Pouvons-nous avoir de ceux-là ? » demanda Jane. Il s'agissait de pigeons et de cailles, mais Gill opta pour des pintades. Elle se réjouit de n'avoir pas à les faire cuire.

« Elles iront bien avec la ratatouille », dit-elle, « et nous pourrions garder les carcasses pour une soupe. »

Le marchand mit chaque volaille dans un sac de papier glacé, les arrosa d'une généreuse cuillerée du jus délicieux de la lèchefrite avant de les agrafer et de les donner à Gill.

Au stand des fleurs explosait une orgie de couleurs.

« On pourrait faire des drapeaux anglais ou français », remarqua Jane, en admiration devant les géraniums et les sauges écarlates, les pétunias bleus et blancs, les impatiens et les lobélies. Gill les trouva ravissantes mais trop chères, et se laissa tenter par un pot de géraniums roses pour égayer la cuisine. Ils se frayaient lentement leur chemin et se heurtèrent à Alan à l'étal de fruits, avec la liste de Gill.

« J'aurais bien envie d'un melon », dit-il, et ils hésitèrent entre un melon aussi grand qu'un ballon de football (le choix de Nick) ou de petits melons plus chers de la taille d'un pamplemousse (le choix de Jane). Jane gagna quand Alan fit remarquer qu'un gros melon d'eau avait peu de goût comparé aux petits melons pâles appelés 'charentais' qui poussaient dans le pays, avec une chair ferme et dorée et un goût de pêche et de miel. Ils prirent au passage leurs moules et retrouvèrent Colin à la voiture.

Dès leur retour, ils s'affairèrent tous au déjeuner. Alan gratta les moules dans un récipient d'eau fraîche tandis que Gill faisait revenir l'oignon, l'ail et le persil hachés dans du beurre au fond de la casserole. Elle y ajouta beaucoup de poivre moulu avant de mettre les moules avec du vin blanc et un peu d'eau. Pendant ce temps, la table fut mise en deux temps trois mouvements avec des assiettes creuses pour les moules et du vin blanc frais, Colin coupa le pain et mit sur la table du beurre et du fromage.

Au commencement, Jane se méfiait un peu des moules. Elles s'étaient entrouvertes dans la vapeur et leur chair jaune semblait regarder sournoisement du fond de leurs coquilles comme d'inquiétants petits yeux à travers leurs paupières. Mais elle en piqua une, puis une autre, sur sa fourchette, et peu à peu le tas de moules se réduisit dans son assiette et les coquilles vides s'amoncelèrent dans le saladier ; enfin chacun trouva le délicieux jus au goût de mer au fond de son assiette, et il ne restait plus qu'à le savourer avec des cuillers et des bouchées de pain, et Colin déclara que c'était le meilleur du repas. Après le déjeuner, les adultes desservirent la table, firent du café et parlèrent de sieste. Nick suggéra une promenade vers Cercles, Jane sauta de joie, avide de grand air et d'un changement de décor.

CHAPITRE V

Cercles

Le poteau indiquait : 'Cercles, 2,8 km'. Les enfants tournèrent à droite et découvrirent une vue magnifique sur le château de Chapdeuil, réellement construit sur une île. Le jardin avait l'air superbe avec sa pelouse soignée en pente jusqu'aux douves entourant le château, les grandes urnes miroitant au soleil de l'après-midi.

La dernière maison sur la droite était moderne, les murs crépis de jaune. Elle se tenait sur un petit tertre, avec un garage intérieur, une balustrade menait jusqu'à la porte d'entrée. Sur le toit était fixé un grand disque satellite. Il y avait une piscine dans le jardin et un barbecue maçonné surmonté d'une cheminée pour évacuer la fumée. Une mince fillette et un petit garçon aux joues rondes s'arrosaient mutuellement près de la piscine, un chien beagle gambadait dans les jets d'eau. Jane eut le temps de saisir le tableau car ils ne pédalaient pas vite dans la côte. Elle sentit une pointe d'envie, les enfants avaient l'air si joyeux et épanouis.

« J'aimerais que nous ayons des amis ici », dit-elle. Nick pédalait derrière, la tête baissée, balançant son postérieur d'un côté et de l'autre car il se tenait debout sur les pédales.

« Les enfants français ne m'intéressent pas », dit-il grossièrement. Ils ne virent plus d'autres maisons avant d'arriver à Cercles, seulement un chemin privé vers 'Les Granges' sur la droite ; puis la route traversa la forêt sillonnée de chemins herbeux. On pouvait voir à travers le feuillage une petite carrière sur la droite, pas très profonde, avec des blocs de pierre. Des fleurs sauvages poussaient à profusion sur les bas-côtés et l'odeur du chèvrefeuille emplissait leurs narines.

Juste avant d'arriver à Cercles, ils traversèrent la route nationale menant sur la gauche à La Tour Blanche, d'où ils aperçurent le donjon en ruines. A mesure qu'ils approchaient, le clocher de l'église semblait s'élever sur les champs. Jane trouvait qu'il ressemblait à un visage avec deux yeux (les fenêtres) surmonté d'un chapeau (le toit). La façade fortifiée était couverte, elle aussi, ce qui lui donnait de loin l'apparence d'un château. L'église était ouverte mais les enfants s'arrêtèrent un moment avant d'entrer, frappés par les sculptures des piliers du porche.

Nick dit que les parties décorées étaient des chapiteaux, avec des oiseaux et des chevaux entremêlés. Jane pensait que les oiseaux pouvaient être des faisans, leurs cous se courbaient avec grâce, comme ceux des chevaux, plumes et harnachements étaient finement sculptés. A l'intérieur, l'état d'abandon les surprit. Le bas des murs et le sol inégal de grossiers carreaux de terre cuite étaient vert sombre. « Vert-de-gris », suggéra Nick. Il ne devait plus y avoir de services en ces lieux, mais il y avait des objets qui auraient pu être volés : des croix de métal, des saints de plâtre du siècle dernier et un grand crucifix de bois peint qui provenait sans doute de l'autel. Il y avait une bannière colorée de saint Cybard, et divers meubles dont un confessionnal et l'autel même. Tout cela semblait de peu de prix, défraîchi et en mauvais état, comparé aux sculptures des chapiteaux. Jane était surprise :

« Pourquoi les sculptures du porche sont-elles si belles et celles de l'intérieur si grossières ? » Nick inspecta les chapiteaux un par un.

« Elles ne sont pas grossières », dit-il en désignant un beau groupe près de l'autel, « regarde ce chat qui mâche quelque chose et l'écureuil à côté, c'est rudement bien fait. » Jane regarda plus attentivement. En plus des bêtes, il y avait aussi des visages humains : visages assez terrifiants avec des nez porcins et des petits trous pour narines. Certains semblaient encapuchonnés et la plupart risquaient un œil à travers le feuillage. Il y avait sûrement un grand décalage de talents entre les sculptures.

« Sais-tu ce que sont ces hommes ? » s'exclama soudain Nick, « ce sont des hommes verts ! »

« Que veux-tu dire, des hommes verts ? » demanda Jane avec circonspection. Il y eut un éclair de malice dans les yeux de Nick. « Peut-être veux-tu dire qu'ils étaient couverts de vert-de-gris ? »

« Non, idiote. Ce sont les hommes verts des bois, ceux de l'ancienne religion. Ce sont les druides dont mon père parlait hier soir ou peut-être les divinités des bois qu'ils adoraient. »

« Tu inventes. Pourquoi les moines auraient-ils sculpté des païens dans leurs églises ? »

« Tu ne comprends rien », dit Nick sans douceur. « Tu peux demander à mon père. Il te dira tout sur ce sujet. Avant la Chrétienté chacun adorait la Nature. On honorait dans les bois les chênes et le gui. Je parie que c'est pourquoi on construisait les églises comme des clairières en forêts. Les piliers rappellent aux gens les troncs d'arbres et le soleil à travers les vitraux les rayons filtrant dans les bois. Les moines essayaient d'attirer les païens dans les églises en les leur rendant familières. « Si tu ne peux les battre, séduis-les. » Jane était pensive. Cela semblait en effet tout à fait possible.

« Ne crois-tu pas que les moines pouvaient donner seulement quelques pièces d'or à leur sculpteur : aussi ne faisait-il que peu de sculptures pour eux qui le regardaient travailler ; ils trouvaient que ça avait l'air facile, et ensuite, ils se mettaient au travail, avec plus ou moins de réussite ? »

« Qui sait ? » dit Nick négligemment. « Alors où est ce trésor ? » C'était pour lui un vrai jeu, cette recherche, il caracolait derrière l'autel, fourrageait dans les coins. La porte qui aurait dû conduire à la sacristie s'ouvrait sur un petit enclos envahi d'herbes folles, à ciel ouvert depuis l'effondrement du toit. « Pourrait bien être enterré là-dessous », suggéra-t-il. Pendant ce temps, Jane qui le suivait de loin le perdit de vue. Elle entendit un gémissement sourd venant du confessionnal et l'y trouva assis.

« Tu ne dois pas te mettre là-dedans », siffla-t-elle, un peu choquée, « seul le curé peut s'y asseoir. »

« Confessez-vous, confessez-vous », psalmodia Nick en roulant les yeux. Jane se mit à rire nerveusement, puis elle aperçut une petite porte de l'autre côté de la nef, et l'emprunta avant que Nick ait pu voir où elle allait. Il fut bien vite fatigué d'être assis dans le confessionnal qui était une sorte de placard avec un siège flanqué de deux compartiments où les pénitents devaient s'agenouiller, un petit écran ajouré et coulissant permettant au prêtre et au pénitent de murmurer entre eux. Nick savait tout cela par son expérience personnelle et ne s'en souciait pas trop. A l'école, ses amis faisaient des histoires sur les professeurs qui allaient se confesser avant la messe et, ainsi absous, se remettaient à pécher comme d'habitude la semaine suivante. Il aurait pu s'en passer mais sa mère tenait à ce qu'il suive les pratiques religieuses de sa propre formation. Nick s'en était une fois plaint à son père mais Colin avait simplement dit que c'était moins coûteux que d'aller voir un psychiatre, aussi devait-il pour l'instant s'y plier.

Mais où était passée Jane ? Nick, ne la voyant pas, ressortit sous le grand soleil qui un instant l'aveugla. Leurs vélos étaient toujours là, appuyés contre un tilleul, mais pas de Jane. Nick ne s'inquiéta pas beaucoup, et décida d'explorer le pourtour de l'église. Tout d'abord il grimpa quelques vieilles marches à gauche du porche et se trouva dans un cimetière un peu comme en Angleterre, avec de grandes tombes surmontées de croix en pierre. Il pensa soudain que c'était la meilleure façon de cacher un trésor en l'enterrant là - avec ou sans corps - en imitant un monument funéraire. Plus tard, il pourrait facilement être retrouvé, par une personne au courant. Mais comment diable procéder ? Ce serait impossible de creuser chaque tombe - de nuit, bien sûr - puis de couvrir leurs traces pour ne pas être pris.

Il y avait une petite dénivellation au bout du jardin, derrière l'église ; c'était bien le petit défi physique qui plaisait à Nick, il sauta et atterrit sur ses pieds sans dommage. Il longea l'abside et la petite sacristie en ruine et leva les yeux vers le beau clocher avec ses fenêtres arquées. Il se trouvait de l'autre côté de l'église, près du presbytère, à l'ombre des tilleuls. Deux petits garçons aux cheveux très courts et au short très long le regardaient bouche bée ; Nick leur fit une grimace en regagnant le porche. Il jeta un coup d'œil à l'intérieur mais Jane restait introuvable. Où donc était-elle passée ? Nick sortit de ses sacoches son appareil photo et se mit à flâner aux alentours, louchant sur son objectif, essayant différents angles de vue avant de prendre certains détails. Il pouvait passer des heures ainsi.

Jane avait trouvé un escalier à vis derrière la petite porte. Tout à coup, elle se rappela son rêve, la rencontre d'une jeune femme du passé en haut d'une tour. C'était exactement le même escalier que dans son rêve. Son cœur se mit à battre plus vite, entre la crainte et l'excitation, tandis qu'elle grimpait prudemment, car les marches étaient petites et étroites. Elle trouvait parfois une fente dans le mur, seule source de lumière pour éclairer l'escalier. Enfin Jane se trouva dans une sorte de soupente : c'était l'étage supérieur, au-dessus de la voûte de la nef ! Juste devant elle se trouvait une planche recouvrant une partie de la voûte qui commençait à s'affaisser.

De l'autre côté de la planche le sol était couvert de chaux et irrégulier. Ce renflement semblait bien être la couverture d'une coupole de la chapelle latérale. Au-delà, la voûte devait continuer jusqu'au clocher. Jane aurait aimé poursuivre son exploration mais elle avait peur de passer sur la planche ou de trouver que le sol chaulé n'était qu'une mince croûte qui céderait sous son poids. Elle s'imagina tombant et s'empalant sur le crucifix de fer de l'autel. Elle était sûre d'avoir vu un film où se passait ce genre de chose.

Malgré tout, Jane décida de continuer. Avec précaution, pas à pas, elle passa sur la planche, sur la coupole, sur le plancher friable, sans presque oser respirer. Par chance, tout tint bon et soudain, Jane fut figée de surprise et de crainte. Elle regarda autour d'elle. C'était une belle petite salle, d'environ trois mètres carrés, avec des murs de pierre et une belle charpente de poutres massives entrecroisées pour supporter le toit de tuiles à forte pente. Jane regarda par les petites fenêtres cintrées et vit Nick traverser le cimetière. De l'autre côté, elle apercevait leurs bicyclettes, attendant sous un arbre comme deux patients coursiers. Des insectes bourdonnaient dans les rayons du soleil qui pénétraient dans le clocher. Jane s'assit pour se reposer un peu, adossée aux pierres tièdes du mur.

CHAPITRE VI

Aliénor

Jane vit dans son rêve une jeune fille à l'épaisse chevelure blonde, à la silhouette élancée et gracieuse. Elle était vêtue de vert : une longue robe de soie à l'encolure basse bordée d'un galon d'or, des manches en pointe dépassant ses poignets. Elle avait une chaîne d'or autour de la taille et un bandeau doré sur les cheveux, des yeux verts aussi et une grande bouche spirituelle. Jane la trouvait délicieuse et se demandait où elle l'avait déjà vue. La jeune fille leva les yeux de son livre et lui adressa un charmant sourire.

« Je vous ai déjà vue, n'est-ce pas ? » fit-elle, avec la voix un peu voilée d'une adulte, « mais où ? » Soudain, Jane se souvint : c'était dans la tour de Chapdeuil, mais alors la jeune fille semblait triste et craintive, elles n'avaient pas pu communiquer. Comment faisaient-elles maintenant pour se comprendre ? Elle tendit la main pour voir si elle pouvait saisir celle de la jeune fille, et fut rassurée en sentant une chair tiède, vivante.

« Je suis Jane », dit-elle simplement. « Nous nous sommes rencontrées dans une autre tour. Comment vous appelez-vous ? »

« Al-i-é-nor. Je suis la duchesse d'Aquitaine, et vous, je crois, vous êtes une fée. Je vous appellerai Jeanne. La Fée Jeanne. Pouvez-vous exaucer les vœux ? »

« Je ne crois pas », répondit Jane, « et je ne suis pas une fée, mais vous, vous semblez en être une. Comment êtes-vous duchesse ? »

« Je suis duchesse parce que mon père est le Duc, et ma mère est morte quand j'étais toute petite. Mais si vous n'êtes pas une fée, comment pouvez-vous apparaître et disparaître si étrangement ? D'abord j'ai pensé que vous étiez un esprit mais votre main est chaude. Etes-vous venue pour m'aider ? »

Jane se demandait quelle aide elle pouvait apporter à cette jeune dame de si haut rang. Elle se sentait intimidée mais désireuse d'être utile.

« Je ferai tout mon possible pour vous », dit-elle. « De quoi s'agit-il ? » Aliénor ne répondit pas tout de suite. Elle fit une petite grimace en plissant les yeux comme une chatte.

« Mais puis-je vous faire confiance ? » murmura-t-elle comme pour elle-même. « C'est un secret terrible et des vies en dépendent. » Jane se sentit effrayée mais elle se domina :

« J'aimerais vous aider. S'il vous plaît, parlez-moi. »

« Vous devez d'abord prêter serment », dit Aliénor. « Vous devez jurer de tenir parole, même si on vous enlève et on vous torture. » Les choses allaient de mal en pis mais Jane était trop engagée pour reculer.

« Croix de bois, croix de fer, si je mens, je vais en enfer », dit-elle. Aliénor se rapprocha.

« Ecoutez bien », dit-elle, « tâchez de vous souvenir de tout. Mon père est très puissant mais nous sommes entourés d'ennemis. Le roi à Paris est jaloux de nos châteaux et de nos terres. Nous sommes plus riches que lui, et les hommes du nord envient nos vies agréables et le bon temps que nous avons ici, dans le sud. Ils ont l'église catholique de leur côté, mais nous sommes ici de bons chrétiens. Nous avons nos propres évêques et nos diacres, mais nous devons être discrets. Personne ne doit savoir. »

« Qu'arriverait-il si le roi le découvrait ? » demanda Jane.

« Il mettrait le pape au courant, enverrait ses prêtres à notre poursuite, brûlerait vifs nos bonnes gens, et enverrait une armée pour s'emparer de toutes nos possessions. »

« C'est affreux », cria Jane, horrifiée à l'idée d'être brûlée vive, « comme Jeanne d'Arc », mais Aliénor ne savait pas de qui elle parlait.

« Il y a des espions partout », poursuivit Aliénor, « mais nous avons nos fidèles. Je vous dirai à qui vous pouvez vous fier. Mais comme vous apparaissez et disparaissez de votre étrange façon, vous pourrez leur porter des messages sans être vue. »

« L'ennui est . . . » commença Jane, et elle allait dire qu'elle ne pouvait contrôler ses allées et venues, mais c'était trop tard. Elle s'était réveillée et clignait des yeux sous les rayons de soleil qui filtraient à travers les fenêtres. Son nom résonna :

« Jane ! Jane ! » C'était Nick. Elle le voyait très bien, en bas, près des bicyclettes.

« J'arrive ! » répondit-elle. Elle retrouva le chemin, très précautionneuse en passant sur la planche qui la ramenait à la relative sécurité de l'escalier à vis.

« Te voilà ! » s'exclama Nick. « Où étais-tu donc passée pendant tout ce temps ? »

« En haut, dans le clocher », dit Jane. « Je crois que je me suis endormie. Veux-tu venir avec moi ? » Mais Nick n'en avait pas envie. Il dit qu'il y monterait une autre fois. Ce qu'il voulait, c'était explorer les ruines du château de La

Tour Blanche. Ce serait beaucoup plus intéressant qu'un clocher d'église, estima-t-il.

Les enfants enfourchèrent leurs vélos et prirent la grand-route qui traversait Cercles, où était indiqué : 'La Tour Blanche, 1,2 km'. Le trajet ne prit que cinq minutes, presque tout en descente. Ils pédalaient en silence. Nick était en tête, bien sûr, et Jane pensait à son rêve étrange et s'efforçait d'en retrouver tous les détails. Elle savait qu'un rêve n'est que le produit d'une imagination débordante, mais d'où venaient toutes ces informations ? Les avait-elle forgées ? Pourtant elle avait une impression de 'déjà vu'. Jane n'avait pas envie d'en parler à Nick. Il se moquerait d'elle. Il lui tardait d'en savoir plus sur cette étrange et impressionnante jeune fille qui n'avait guère que deux ans de plus qu'elle, mais si puissante et déjà impliquée dans des affaires importantes.

En un rien de temps, ils furent au pied du château en ruines, édifié sur une éminence. Il surgit derrière une grille, une chaîne barrant l'entrée. Ils le contournèrent pour l'observer de tous côtés dans l'espoir de trouver un endroit par où se faufiler mais ce n'était pas facile. Un petit ruisseau courait au milieu du chemin circulaire et Jane pensait que ce devait être les restes d'une douve. Un panneau indiquait que ce tertre avait été un oppidum romain. (« Ça devrait être une espèce de fort », suggéra Nick.) A gauche de la route il y avait un champ qui menait à un jardin potager. Ils revinrent à leur point de départ où ils avaient laissé leurs vélos contre un hangar.

« Grimpons par dessus la grille », dit Nick, mais Jane s'y opposa. Il y avait un chemin qui montait jusqu'au château et elle aperçut une maison assez récente tout en haut.

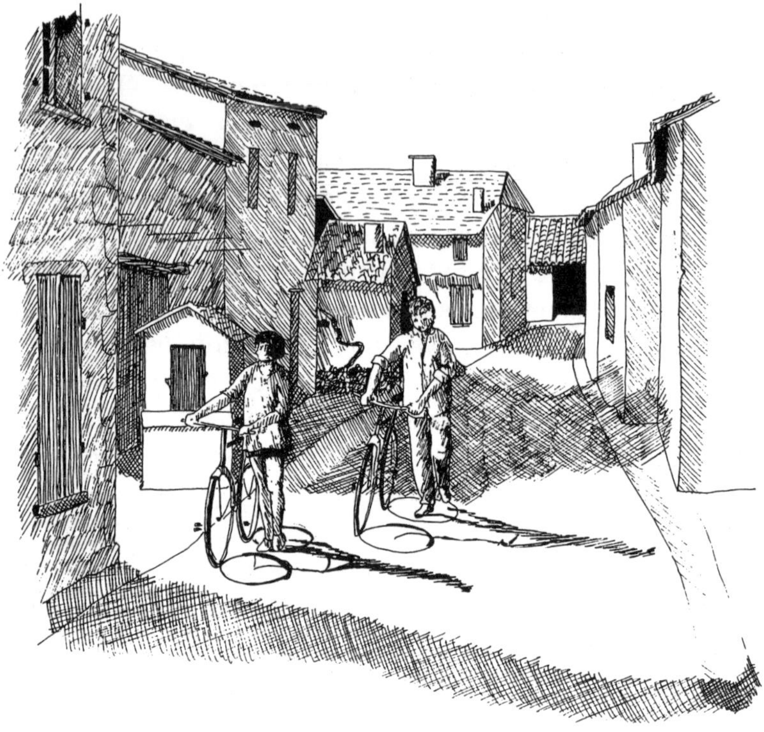

Nancy B. Roberts
©1996

« Il y a peut-être des gens qui y vivent », dit-elle, « ça pourrait être gênant. »

Ils pédalèrent jusqu'au village ; passant devant l'église et trouvant le portail ouvert, ils mirent pied à terre pour voir l'intérieur. Contrairement à celle de Cercles, cette église paraissait très bien entretenue. Il y avait un grand tableau de la Vierge et l'Enfant dans un cadre vieil or qu'admira Jane, et une série de peintures de plus petit taille toutes encadrées de la même façon que Nick présenta comme « le chemin de croix. » Il dit que les gens très pieux faisaient une sorte de pèlerinage devant chacune d'elles en disant une prière.

Puis ils passèrent devant la boulangerie et se trouvèrent face à une boutique incroyable, un genre d'endroit qui aurait semblé normal il y a cinquante ans, mais qui avait l'air sorti d'un western. C'était très petit et la peinture grise de la devanture boisée ne datait sûrement pas de ce siècle. A l'intérieur, journaux et magazines étaient étalés sur deux tables, comme ils n'avaient jamais vu chez les marchands de journaux. Il n'y avait ni étagères, ni présentoirs ; le boutiquier était en train de raser un vieil homme sur un fauteuil de barbier ; il y avait deux clients qui attendaient sur des chaises cannées alignées contre un mur. Un épagneul roux et blanc, assis à l'entrée du magasin, regardait les gens et écoutait leur discours.

« Je me demande de quoi ils peuvent parler », dit Jane ; et Nick dit que ça pourrait faire une fameuse photo : « C'est si désuet comme si on reculait dans le temps. » Jane s'inquiétait de ce que pourraient penser les gens. Heureusement Nick avait quelques usages et notions de français. Il arma son appareil et dit à haute voix :

« Vous permettez ? » d'un ton interrogateur.

« Vas-y », répondit un des hommes gentiment et Nick, ravi, appuya sur le déclic.

Le centre du village était animé, montrant une activité commerçante absente des petits villages qu'ils avaient traversés.

« C'est pratiquement une ville ! » s'exclama Jane. Il semblait que le village avait prospéré depuis des siècles. Les maisons étaient construites en belles pierres de taille ocrées, pas en moellons comme dans les autres villages. Elle se rappela la carrière qu'ils avaient dépassée sur la route de Cercles : il devait y avoir beaucoup de cette pierre dans les coteaux.

La place centrale était pleine de voitures garées à l'ombre des tilleuls. Il y avait un restaurant, un petit supermarché, et une belle maison avec une grande cour et une tour d'angle. Au bout du village était un pont de pierre d'où ils aperçurent une maison imposante derrière de beaux arbres vénérables. Un écriteau indiquait que c'était un couvent et une maison de retraite. Jane pensa que si jamais elle devait aller dans une maison de retraite, c'est celle-ci qu'elle choisirait.

« Je parie qu'ils sont bien nourris ici », dit-elle « et qu'ils ont du vin à tous leurs repas, pas comme en Angleterre. »

Quand ils furent de retour, c'était presque l'heure du dîner. Gill rinçait un gros tas d'épinards.

« Vous avez juste manqué une visite », dit-elle, « il s'est dit à la ronde qu'il y avait ici deux jeunes Anglais, et vous êtes invités à rencontrer deux jeunes Français, et à nager dans leur piscine. Ils viennent de partir et nous ont apporté ces légumes verts de leur jardin. »

« Je déteste les épinards », et
« Parie que ce sont les gosses avec le chien », s'écrièrent les enfants en même temps.

« Oui, ils ont un chien », confirma Gill. « Où les avez-vous vus ? »

« Nous sommes passés devant leur jardin », expliqua Jane, et...

« Parie qu'il s'appelle Snoopy », interrompit Nick à nouveau.

« En tout cas vous êtes invités à goûter demain. Ils s'appellent Pierre et Claudine Legrand et vont à l'école à Ribérac. Leur mère a expliqué comment se rendre chez eux, mais vous connaissez déjà. »

« Penses-tu qu'il y aura des sandwiches ? » demanda Jane, mais Nick en doutait.

« Le pain français ne fait pas de bons sandwiches », dit-il, « mais ils ont une parabole. Je pourrai regarder la télévision anglaise. »

« Vous n'êtes pas ici pour regarder la télé », reprocha Gill, « il s'agit de progresser en français. »

« O. K. Alors je regarderai la TV française », répondit Nick. « J'espère qu'ils ont une vidéo. J'aimerais bien voir 'Les Visiteurs'. Je l'ai vu en anglais. »

« Tu es incorrigible », dit Gill.

CHAPITRE VII

Pierre et Claudine

Nick et Jane arrivèrent chez les Legrand à quatre heures, l'heure dite. Le soleil était encore très chaud. Leurs affaires de bain étaient empilées dans leurs sacoches et Nick était en short. Jane aurait bien aimé, elle aussi, mais elle était gênée par ses cuisses trop rondes et portait une ample blouse flottante à raies bleues et blanches qu'elle aimait bien.

« Tu as l'air enceinte », commenta Nick en la voyant.

« Tais-toi, idiot, personne ne demande ton avis », fut tout ce que Jane trouva à dire, mais elle avait perdu son assurance et se sentit tout intimidée à leur arrivée. Nick se sentait un peu confus lui aussi mais il le cacha sous un air de bravade. Gill leur avait coupé des 'shortbread'* et bien recommandé de remercier pour les épinards.

« *Merci bien pour les épinards* », dit Jane en arrivant, « *ils étaient très bons.* » Puis elle pensa que c'était sans doute une faute, car les petits Français et leur mère les noyèrent sous un flot de paroles aimables auxquelles elle ne comprenait rien, et elle le leur dit, aussi poliment que possible, en anglais.

« Ne vous inquiétez pas », dit Claudine, « je peux très bien parler anglais. Je l'apprends à l'école. » Elle avait un très fort accent avec un léger nasillement américain. Les enfants se regardèrent. Claudine avait dans les quatorze

(*Note de l'éditeur : excellents petits sablés anglais)

ans, elle était très maigre. Elle portait un short marine très court, et un sweat-shirt rayé, avec au dos des inscriptions anglaises sans signification. Elle n'était pas jolie, avait des cheveux noirs frisés, noués dans le cou, et des lunettes. Jane nota ses membres grêles, son visage chevalin, mais l'envia du fond du cœur.

Pierre n'avait que onze ans ; il était étonnamment solide à côté de sa sœur. Il avait un short long crème avec de grandes poches dans lesquelles il fourrait ses mains et marchait un peu en canard. Il était bronzé et souriant.

« Vous voulez nager tout de suite ? » leur demanda-t-il. Il faisait tout son possible en anglais manifestement. Madame Legrand parlait un très bon anglais. Elle souhaita aux enfants un bon bain et leur dit qu'elle leur apporterait leur goûter dehors.

Ils se changèrent dans une annexe proche de la piscine, puis étendirent leurs serviettes au soleil pour qu'elles tiédissent pendant le bain. Ils avaient si chaud que l'eau leur parut glacée quand ils plongèrent ; Jane eut le souffle coupé et se mit à claquer des dents. Mais après quelques éclaboussures, elle adora.

« C'est si rafraîchissant ! » cria-t-elle. Bien sûr, Nick nageait comme un poisson, et les enfants Legrand étaient aussi de bons nageurs. Jane se contenta d'une brasse tranquille et flotta béatement sur le dos, en regardant le ciel bleu et se demandant si son rêve avait quelque sens. Elle fut brusquement sortie de sa rêverie par les violents arrosages des garçons et se trouva bientôt entraînée dans une bataille d'eau. Le chien surgit, attiré par le bruit, et courut autour de la piscine, jappant et les invitant à l'arroser, tout heureux de se mettre dans le coup.

« Snoopee ! Snoopee ! » cria Pierre, et Nick envoya à Jane un coup d'œil complice. Quand ils furent tous trempés et épuisés, ils sortirent de la piscine et s'étendirent sur leurs serviettes. Mais ils ne tardèrent pas à s'asseoir et à penser à leur goûter.

« J'ai faim ! » gémit Pierre.

« Moi aussi », renchérit Claudine. Jane la regardait.

Claudine portait un bikini bleu à pois blancs et l'on pouvait compter ses côtes.

« J'aurais tant voulu être mince comme toi », dit-elle. Claudine écarta joyeusement cette idée.

« Oh, je suis affreuse », dit-elle, « j'ai une figure de chameau ! » Jane s'empressa de nier cette comparaison mais Nick, peu aimable :

« Vaut mieux avoir une figure de chameau qu'une figure de fromage de Hollande. » Jane le prit pour elle et se sentit rougir de honte. Elle tira sa serviette sur ses épaules comme une cape pour essayer de cacher son corps le plus possible, surtout ses cuisses. Pierre, qui la regardait, noua brusquement sa serviette autour de son cou et sauta sur ses pieds en brandissant une épée imaginaire et hurlant en français.

« Que dit-il ? » demanda Jane.

« Il dit qu'il est un croisé », traduit Claudine, « venu pourfendre les cathares. »

« Qu'est-ce qu'un cathare ? » demanda Jane, mais curieusement c'est Nick qui répondit :

« Ce sont des hérétiques. Le pape a entrepris une croisade contre eux, ils ont tous étés encerclés par l'Inquisition et brûlés sur des bûchers. »

« C'est affreux ! » cria Jane.

Elle entendit sonner des cloches lointaines dans sa tête, et se demanda comment Nick pouvait être aussi désinvolte devant de telles horreurs.

« Qu'est-ce qu'un hérétique ? » poursuivit-elle.

« Tu ne sais pas grand-chose », dit Nick. « Ce sont des gens qui ne sont pas d'accord avec l'institution catholique, comme les protestants par la suite. Ils s'attirèrent de terribles ennuis dans le passé. » Jane pensait à tout cela, des détails de ses rêves lui revenaient à l'esprit. Aliénor aidait-elle les hérétiques ? Etait-elle cathare elle-même ? Etait-elle appelée à les aider, pour finir par être prise par l'Inquisition ?

« Y a-t-il encore une Inquisition de nos jours ? »

« Bien sûr que non, idiote », dit Nick, « personne ne maudit plus son prochain pour ce genre de choses. » Mais Claudine, qui avait suivi la conversation, le visage plissé sous l'effort de concentration, interrompit :

« Mais si », dit-elle, « les prêtres excommunient encore lorsqu'on dit des choses fausses. » Jane n'était pas rassurée.

Madame Legrand arriva par la porte-fenêtre avec un plateau et chacun s'intéressa à son goûter. Elle posa le plateau sur une table de jardin verte, entourée de chaises de même couleur, et l'on prit place. Il y avait de grands verres de jus d'orange avec des glaçons qui tintaient joyeusement, et des pailles. Il y avait une assiette de tranches de pain français couvertes de Nutella.

« *Ah bon, des tartines de chocolat !* » s'exclama Pierre en en prenant une. Il y avait aussi une tarte aux cerises avec dessus une sorte de crème, que Madame Legrand appela un '*clafoutis*' et le 'shortbread' de Gill. Chacun mangea de bon appétit, bien que Nick dit plus tard qu'il aurait préféré des choses salées. En un rien de temps, avec l'aide de Snoopy, tous les plats furent vidés et les jus d'oranges terminés.

« Que voulez-vous faire quand vous aurez fini vos études ? » leur demanda la mère de Claudine. Cette fois, Nick dit, sans hésiter, « journaliste » et Jane osa dire « écrivain ». Claudine désirait être hôtesse de l'air : elle voulait voir le monde. Nick, comme toujours, en savait plus.

« Tu verras surtout l'intérieur de l'avion et passeras ton temps à nettoyer après les nausées des passagers », dit-il. « Une hôtesse de l'air n'est qu'une serveuse volante. » Mais Claudine ne se laissa pas démonter.

« Je veux être hôtesse de l'air », dit-elle à nouveau, « mais je dois parler un très bon anglais et réussir mes examens. » Elle avait fait un échange l'année passée mais cela n'avait pas été un succès : la fille anglaise habitait Birmingham et elles avaient très peu de choses en commun. Claudine n'avait pas aimé Birmingham, ni son climat, ni la famille, ni la détestable nourriture ; ils passaient leur temps devant leur télévision. Quand la petite anglaise avait séjourné chez eux, elle s'était ennuyée, avait eu le mal du pays et n'avait pas supporté leur nourriture, trop riche et trop grasse.

« Mon père vit à Birmingham », dit Nick. « Il est professeur à l'université. Que fait ton père ? »

« Il est ingénieur de télévision. Il installe des disques satellites. » Précisément, Monsieur Legrand arrivait au volant d'une Citroën BX blanche. Il s'avança, une serviette à la main, petit, carré, avec un bon sourire pour chacun. Il ne parlait pas du tout anglais, aussi la conversation ralentit et Claudine joua l'interprète. Il ne tarda pas à rentrer, suivi par sa femme emportant le plateau. Jane les regardait en s'émerveillant de ce que ce petit homme trapu et sa femme grande et mince se soient retrouvés chacun dans un enfant. Elle supposait que dans cette famille les hommes aimaient la gaieté, que les femmes étaient plus sérieuses, mais qu'ils semblaient tous parfaitement heureux.

Pierre avait quelque chose à dire. Chacun avait parlé de ses projets et de ses désirs. Il voulait leur faire savoir qu'il serait un musicien célèbre.

« Que joues-tu ? » demanda Jane.

« De la guitare. Mais je voudrais apprendre le luth. » Claudine, qui n'ignorait rien des projets de son frère, leur en dit davantage. Ils allaient au lycée Arnaud Daniel à Ribérac. C'est le nom d'un troubadour renommé, né en ce lieu il y a bien des siècles ; Jane avait vaguement entendu parler des troubadours mais ne savait rien de précis à leur sujet.

« C'étaient des sortes de ménestrels, n'est-ce pas ? »

« Ils écrivaient des poèmes et des chansons », dit Claudine.

« Arnaut* Daniel est le plus célèbre de tous », ajouta Pierre.

« Ils allaient de château en château, chantaient en s'accompagnant, mangeaient et buvaient bien, et gagnaient beaucoup d'argent. Il y avait des troubadours parmi les nobles très riches, mais aussi chez de très pauvres paysans. Puis il y eut la Croisade et ce fut la fin. »

(* Note de l'éditeur : selon l'orthographe de l'époque.)

« Pourquoi ? » demandèrent ensemble Nick et Jane.

« La guerre détruisit tout. Les châteaux étaient en ruine - les nobles qui entretenaient les troubadours avaient été tués ou avaient disparu. Il n'y avait plus de cours, plus de fêtes. Le pape prit les terres des nobles du sud pour les donner à ceux du nord. Notre région était finie. » C'était triste, chacun se tut un instant. Puis Nick :

« Qu'est-ce que tout cela a à voir avec les projets d'avenir de Pierre ? » Pierre répondit pour lui-même :

« Je veux être un troubadour moderne. Je veux faire de belles chansons et les chanter à la télévision, et gagner tous les prix. »

« Le concours de chansons de l'Eurovision ? » demanda Nick d'un air moqueur, « c'est de la m...! »

« Mes chansons seront de bonnes chansons », dit Pierre.

CHAPITRE VIII

Eléonore

Le temps avait changé dans la nuit. Le ciel était couvert.

« Les agriculteurs seraient heureux d'avoir de la pluie », dit Colin. « Il y a eu une vraie sécheresse cet été. » Jane pensa égoïstement qu'elle ne s'en souciait pas et ne désirait que le retour du soleil. La campagne avait perdu ses couleurs et cette ambiance pesante la déprimait. Il soufflait un petit vent glacé tandis qu'elle descendait chercher du pain à bicyclette. Nick avait dit que ça le rasait d'aller à la boulangerie. Jane n'avait qu'à y aller toute seule, il irait le soir.

La cloche de l'église sonna à son passage mais personne à Pégrillou ne se rendait aujourd'hui à la messe. Les Legrand y étaient allés la veille, comme Nick et elle prenaient congé, et leur avaient proposé de les emmener, mais sans succès.

« Le samedi est un drôle de moment pour la messe », dit Jane.

« C'est pour pouvoir profiter du dimanche », suggéra Nick. Mais quand vint le dimanche il dit qu'il avait du travail et Colin le laissa seul. Nick voulait surprendre les cerfs dans la forêt et les prendre en photo.

Les premières gouttes se mirent à tomber juste avant le retour de Jane.

« Idiote ! » cria Nick. « Tu as laissé mouiller le pain ! Vous, les filles, on ne peut rien attendre de vous ! Où est mon croissant ? » Jane avait oublié qu'ils y avaient droit le dimanche. Gill offrit de leur faire en échange des œufs à la coque, mais Nick détestait les œufs à la coque et les voulait pochés. Alan pensait que Nick méritait une bonne rossée mais comme ni son père ni Gill ne réagissaient, il finit vite son petit déjeuner et monta chez lui pour travailler à ses dessins. Il en avait ébauché une demi-douzaine au marché de vendredi et voulait maintenant ajouter des touches d'aquarelle.

Nick s'affairait en essayant de pocher un œuf, armé d'une casserole d'eau bouillante et d'un couteau à pâtisserie. Le résultat fut quelque peu confus, mais mangeable. Il pocha un œuf pour ceux qui en désiraient et deux pour lui. Puis il annonça qu'il savait faire de belles crêpes et persuada Gill de préparer une pâte. Le premier essai fut un gâchis fumant de beurre noirci mais la suite s'améliora. Bientôt, les enfants et Gill étalaient des flots de confitures jaune et rouge sur leurs crêpes, puis arrosaient les dernières de sucre en poudre et de citron. Colin se sauva, chassé par les odeurs et les fumées de la cuisine.

Mais déjà chacun se sentait un peu mal à l'aise. Il n'y avait plus d'œufs, et bien peu de confiture, et la cuisine était absolument sens dessus dessous. Gill dit qu'elle allait prendre un bain, elle était sûre que personne ne voudrait déjeuner avant au moins deux heures, et espérait trouver une cuisine impeccable à son retour. Dès qu'elle fut partie, Nick se déclara incompétent pour les travaux ménagers et surchargé de révisions à faire ; il gagna le salon en claquant la porte derrière lui.

Il continuait de pleuvoir sans arrêt. Cela ne cesserait sans doute pas de la journée. Jane ouvrit la porte et regarda les grosses gouttes tomber sur la vigne et gicler sur la cour.

Un filet d'eau s'infiltra par la porte. Jane la referma et alluma la radio. Une agréable musique la charma, et la réconforta. Le temps que sa mère revienne de son bain, rose et fraîche, elle avait rempli le lave-vaisselle, mis les miettes dans le foyer et débarrassé la table.

« C'est vraiment mieux », dit Gill contente.

« Je n'ai pas pu m'occuper des poêles et de la cafetière », dit Jane, mais Gill les lava rapidement et Jane essuya la table.

« Où en est ton exposé ? »

« Ce n'est pas très avancé. »

« Eh bien », suggéra Gill, « pourquoi ne pas t'installer pour travailler, et je te tiendrai compagnie en lisant. » C'était une bonne idée d'avoir Gill pour l'aider (Jane se sentait un peu à sec) donc elle prit son classeur, ses feutres et les documents dont elle se servait.

« J'ai copié ce plan de l'Abbaye de Fountains », dit-elle, en le montrant à sa mère, « j'ai reconstitué l'emploi du temps des moines du jour et de la nuit. Je ne sais pas quoi faire de plus. »

« Pourquoi pas retrouver les noms des différents ordres, les habits qu'ils portaient », proposa Gill, « je sais qu'il y avait des franciscains, des bénédictins et des dominicains, et qu'ils étaient tous vêtus différemment. » Jane trouva l'idée bonne et alla au salon voir ce qu'elle pouvait trouver dans les livres du professeur. Elle persuada Nick, plongé dans un magazine d'aviation, de l'aider dans ses recherches ; bientôt ils sortirent un tas de livres attirants dont bien peu au sujet des moines. Tout à coup Jane s'exclama :

« Regarde ! C'est un Homme Vert ! »

Nick vit par-dessus son épaule la photo en couleur d'une mosaïque d'aspect romain. En effet, un homme à l'air sauvage, très semblable aux personnages sculptés dans l'église de Cercles, les regardait par-delà les siècles, sortant d'une masse touffue de feuillages verts. Nick regarda la couverture du livre. C'était un guide de Constantinople.

« C'est Istanbul », dit Nick, « peut-être qu'un sculpteur, rentrant d'une croisade avec un chevalier, lui a fait cette œuvre pour son église. »

« J'ai des idées très vagues sur ces croisades », dit Jane, « je pensais qu'ils voulaient chasser les sarrasins de Jérusalem pour permettre aux chrétiens de s'y rendre en pèlerinage, mais voilà que Claudine a parlé de la croisade contre les cathares qui se passait ici en France. »

« Oui, le pape l'a appelée 'croisade' », dit Nick, « mais c'était plutôt une guerre civile. En réalité, c'était davantage un prétexte pour s'emparer des richesses du sud. » Jane saisit un vieux livre intitulé : 'Histoire des ordres monastiques au Moyen Age' et le rapporta triomphalement dans la salle à manger. Bientôt elle eut la joie de reproduire dans son cahier de dessin les habits des moines et de les colorier. Pendant ce temps sa mère était plongée dans un livre qui la passionnait. C'était la biographie d'Eléonore d'Aquitaine qu'elle avait empruntée à une bibliothèque.

« C'était une des femmes les plus remarquables de l'histoire », lut Gill sur la couverture, « née riche et noble, elle était très belle. Elle avait de l'esprit, du génie, et une merveilleuse constitution physique. Son grand-père, le duc Guillaume IX d'Aquitaine, était connu comme le premier troubadour, et son père, Guillaume X écrivait aussi des poèmes et des chansons. Sa mère mourut à Talmont, près de Royan, quand elle avait huit ans ; après quoi elle devint pour son père une compagne assidue, le suivant dans ses voyages entre ses châteaux à Poitiers, Angoulême et Bordeaux. »

Jane était assise très droite, la bouche ouverte sous le coup de la surprise. Elle sentait des fourmillements dans son épine dorsale et une douce chaleur l'envahir.

« Ne crois-tu pas qu'elle aurait pu dire son nom autrement puisqu'elle était française ? »

« Oui », dit sa mère, un peu surprise de cette question, « en réalité, elle disait 'Aliénor'. C'était alors très rare pour une femme de savoir lire et écrire, mais elle était très instruite, et écrivait des quantités de lettres : aux rois, au pape, et, bien sûr, à sa famille. » Elle continua sans lire : « Elle épousa le roi de France, Louis VII, en 1137. Il avait seize ans, elle en avait quinze ; ils formaient un couple très séduisant, tous deux grands et minces, avec de longs cheveux blonds. Eléonore partit pour les croisades avec lui et lui donna deux filles ; mais ils divorcèrent pour n'avoir pas eu de fils. Peu après, elle épousa Henri, comte d'Anjou, qui avait onze ans de moins qu'elle. Il devint Henri II d'Angleterre. Eléonore lui donna cinq fils dont Richard Cœur de Lion, son préféré (qu'elle fit duc d'Aquitaine), et le roi Jean, et aussi trois filles. »

« Dieu ! Cela fait beaucoup d'enfants ! » s'exclama Jane. « Combien as-tu dit ? » Elles récapitulèrent ensemble : deux filles du roi de France, cinq fils et trois filles avec Henri d'Angleterre font dix enfants !

« Et encore », ajouta Gill, « elle avait quarante-cinq ans quand elle eut le dernier. C'était le mauvais roi Jean. »

« On le voit dans Robin des bois ? » demanda Jane.

« C'est juste. Et son frère aîné Richard Cœur de Lion aussi. Te rappelles-tu à son retour des croisades quand il fut capturé en chemin et emprisonné en Autriche pendant quatre ans jusqu'à obtention de sa rançon ? » Jane était pensive.

« Crois-tu qu'Eléonore aurait pu rencontrer Robin des bois ? »

« S'il a réellement existé, je suppose que oui. Elle faisait constamment des allées et venues entre la France et l'Angleterre et vécut jusqu'à quatre-vingt-deux ans. Mais elle a passé beaucoup de son temps en prison. »

« C'est affreux ! » dit Jane indignée, « elle était reine d'Angleterre ! Qui a donc osé l'emprisonner ? »

« Son propre mari », répondit Gill, « il n'était pas d'accord sur leur successeur. Eléonore avait toujours favorisé Richard et Henri ne pensait pas qu'il ferait un bon roi. Il y avait sans cesse des complots et des révoltes, les fils se liguaient les uns contre les autres et contre leur père. A mon avis, ce n'était pas une très jolie famille. »

« Mais Eléonore n'était pas comme eux ? »

« Elle était beaucoup plus civilisée. Elle appréciait les bonnes manières et la courtoisie. Elle aimait la région de France où elle avait grandi et durant les longues périodes qu'elle put passer en Aquitaine, Eléonore fut la protectrice des troubadours et créa la 'cour d'amour' où elle prônait la courtoisie envers les femmes. C'était nouveau à cette époque où les hommes pensaient aux femmes comme à leurs meubles. »

« Sans doute elle était déjà une féministe ? » suggéra Jane.

« Peut-être. En tout cas Eléonore resta en forme, active

jusqu'à un âge avancé. A soixante-dix-huit ans (ce qui était alors très vieux) elle franchit les Pyrénées à cheval pour ramener sa petite-fille Blanche de Castille et la marier au roi de France Louis VIII. »

Elles gardèrent le silence un moment, pensant à cette femme remarquable des temps passés. La musique était douce, on entendait encore ruisseler la pluie.

Jane demanda :

« Penses-tu qu'Eléonore aurait pu être cathare ? » Sa mère était toujours surprise par les remarques de Jane, mais elle répondit simplement :

« Personne ne l'a jamais accusée d'hérésie mais peut-être nul ne l'osait. Ce serait étonnant qu'elle n'eût pas quelque sympathie pour les cathares car ils prenaient une grande part dans la vie en Aquitaine. Elle aurait comme eux désapprouvé l'église catholique et ses prêtres. Elle aurait aimé leurs bonnes façons et le côté romanesque de leurs réunions secrètes dans les bois. »

« Je pensais à quelque chose », dit Jane. « Il y a un poème que nous étudions en classe : 'La Ballade de la belle Rosamonde et la cruelle Eleanor.' Le connais-tu ? S'agit-il d'Eléonore d'Aquitaine ? »

« Oui, je vois ce que tu veux dire », dit Gill, « c'est bien d'elle qu'il s'agit. Elle a surpris la petite amie de son mari dans un labyrinthe et lui a donné le choix, pour la tuer, entre la dague et le poison. Mais je pense que cela s'est passé des années plus tard, et n'est même probablement jamais arrivé. » Jane s'en réjouissait. Elle n'aimait pas penser à sa charmante amie Aliénor comme à une femme cruelle. Jane travailla un moment en silence. Elle coloriait machinalement ses images mais son esprit était tourné vers

Aliénor. La reverrait-elle ? Un moment elle rêva de lui dire ce qu'elle savait. Cela lui gagnerait sûrement son respect et serait aussi bien que d'exaucer ses souhaits. C'était tentant, mais à la réflexion, Jane comprit qu'elle ne devait pas intervenir dans ce sens. Elle ferait tout ce qu'elle pourrait pour aider Aliénor mais garderait ce qu'elle savait pour elle.

Nick entra en coup de vent.

« Il ne pleut plus, le soleil brille, il y a deux aigles qui volent très haut. » Ils se précipitèrent pour les voir, leurs sandales clapotant dans les feuilles trempées fumant sous le soleil. Au-dessus d'eux planaient deux magnifiques oiseaux bruns de grande envergure qui miaulaient entre eux comme des chats.

« Je suis sûre qu'il n'y a pas d'aigles en Périgord », dit Gill. « Ce sont sans doute des buses. » Nick courut chercher son appareil mais entre-temps les oiseaux avaient gagné les bois.

CHAPITRE IX

Périgueux

Colin avait envie d'un jour de paix et de détente, aussi dit-il à Alan qu'il était temps d'emmener la famille voir la ville. Alan avait visité Périgueux lors de son dernier séjour et gardait de très bons souvenirs d'un vieux quartier avec de superbes maisons. Les enfants n'étaient pas sûrs d'aimer ce projet.

« Est-ce loin ? » demanda Jane.

« Moins de trente kilomètres », dit Colin, « on peut y être en une demi-heure. »

« Je n'ai pas envie d'y aller », dit Nick d'un ton plaintif. « J'en ai ras le bol des églises, etc. »

« Tu iras et tu aimeras », dit son père avec fermeté. « C'est comme ca. » Le trajet était agréable, sur une route tranquille à travers des bois, des champs de maïs et de tournesol, des coteaux d'où l'on découvrait d'étonnants points de vue.

« C'est un peu comme la Toscane », dit Gill. Jane était de cet avis. Elle repérait des fleurs de toutes couleurs qui poussaient sur les talus et criait sans cesse :

« S'il vous plaît, arrêtons-nous un moment, s'il vous plaît, Alan ! » Alan cédait parfois mais le plus souvent il accélérait en passant devant les touches de rose et de bleu en disant :

« Pour l'amour du ciel, Jane, on ne peut pas toujours s'arrêter ! » Pourtant Jane réunit un bel échantillonnage et passa le reste de la route à essayer d'identifier ses fleurs, avec l'aide des autres. Alan s'y connaissait bien, et ils trouvèrent des bleuets, des coquelicots, des scabieuses, de la chicorée sauvage, des marguerites, des pois de senteur et, le plus intéressant, une sorte d'orchidée qu'Alan appela 'hellébore.'

« Je vais faire une collection de fleurs séchées », annonça Jane, « où trouver du papier buvard ? »

Peu avant d'arriver à Périgueux, Alan s'arrêta dans un village appelé Chancelade pour leur montrer une ancienne abbaye. Ils la contournèrent et montèrent dans une petite galerie ; puis ils se prirent en photo assis sur un mur bas du jardin. Jane trempa son mouchoir dans l'eau d'un vieux lavoir et y enveloppa ses fleurs qu'Alan mit dans le coffre à l'abri du soleil. La chaleur était étouffante.

A Périgueux il gara sa voiture dans un parking souterrain, ainsi elle resterait fraîche. Tous quatre émergèrent, en clignant des yeux, et se trouvèrent en pleine ville, déjà chaude comme un four. Il n'y avait pas un souffle d'air et Nick annonça tout de suite qu'il ne pouvait respirer.

« Il fera plus frais là où nous allons », dit Alan, et ils les conduisit vers une large avenue plantée de tilleuls, qu'il appela 'Allées de Tourny.' Jane imagina tout de suite des tournois de chevaliers qu'elle voyait parcourant la place à bride abattue, sur leurs montures brillamment caparaçonnées, avec leurs lances, prêts à se désarçonner les uns les autres. Elle avait vu des images de tournois d'éclatantes couleurs.

Alan les conduisit par un large escalier dans un monument avec en lettres d'or sur la porte, 'Musée du Périgord'.

« Oh non! Pas de musée! » gémit Nick, mais il reconnut qu'à l'intérieur il faisait délicieusement frais. Il demanda s'il y avait un café pour prendre un rafraîchissement.

« Non, il n'y en a pas », dit Alan, « mais nous déjeunerons à midi et demi. C'est dans une heure ; nous passons une demi-heure ici et je vous amènerai vers la cathédrale dans un endroit qui vous plaira sûrement. »

Alan proposa que chacun visite à son allure ce qui l'intéressait ; on se retrouverait à l'entrée sans tarder. Lui et Gill tournèrent à droite pour voir des tableaux et des porcelaines. Nick prit vite le chemin opposé et Jane décida de le suivre. Il se trouva que c'était un bon choix ; des objets anciens étaient exposés, non pas seulement provenant du Périgord. Il y avait des objets façonnés de silex, d'os, de corne, de cuir et de bois, et les enfants étaient tous deux fascinés. En haut de l'escalier trônaient des oiseaux et des animaux empaillés, puis ils tombèrent sur des fouilles romaines et même sur une momie égyptienne.

« Ça ne monte pas à la cheville du British Museum », dit Nick qui connaissait bien Londres.

« Tu ne pouvais pas t'y attendre ! », répondit Jane assez sèchement. « Périgueux est une petite ville comparée à Londres, et je trouve que c'est un très bon musée. » Elle vit dans une vitrine des anneaux romains en or, trouvés dans les environs, et pensa à nouveau au trésor. Si d'autres pouvaient le déterrer, pourquoi pas elle ?

Ils se retrouvèrent à l'entrée avec Alan et Gill et marchèrent doucement dans la chaleur. Par une large rue bordée d'intéressantes boutiques anciennes, ils se trouvèrent à l'entrée latérale de la cathédrale. Jane embrassa du regard l'immense église couronnée de dômes et le haut clocher avant de se plonger dans la fraîcheur de l'intérieur.

« Vous avez sans doute entendu parler du Sacré-Cœur de Paris ? » demanda Alan. « Eh bien, son architecture s'inspire de cette cathédrale, bien que le Sacré-Cœur soit assez récent, et cette cathédrale au départ fort ancienne. »

« Elle est plutôt trop restaurée », dit Gill avec hésitation.

« Elle est romane ? » demanda Jane. « Elle est pourtant bien différente des églises des villages. »

« Oui », dit Alan, « mais le style, avec ses coupoles, est très particulier à la Dordogne. Les coupoles ressemblent plutôt à celles des églises byzantines ou à des lanternes des morts. »

« Des lanternes des morts ? » dit Gill, « c'est plutôt macabre ; qu'est-ce que cela signifie exactement ? »

« Au temps des Romains », dit Alan, « on honorait les morts avec des monuments funéraires de la forme d'une lanterne, avec une flamme brûlant au sommet, représentant la vie éternelle. » Puis il suggéra de flâner encore un petit moment et de se retrouver au portail principal.

Jane choisit de déambuler seule. C'était si rafraîchissant d'être dans le clair-obscur de ce vaste édifice, les yeux levés vers les grandes coupoles blanches. Elle pensait que quatre sur ses cinq sens étaient comblés : ses yeux par ce qui l'entourait, ses oreilles par une belle cantate diffusée par des haut-parleurs, sur bandes magnétiques sans doute. Elle humait le parfum des fleurs qui décoraient le maître-autel, immense bouquet de roses et de lys odorants, enfin elle s'approcha de la chaire et sentit sous ses doigts le poli du bois sculpté.

« Et je serai bientôt nourrie », pensa Jane, soudain

affamée, « mais qu'en est-il de mon sixième sens ? » Elle se dirigea vers un cloître, cour enclose dans l'enceinte de la cathédrale. Il n'y avait personne, mais des arbustes et des arbres et un chemin ombragé longé de sarcophages et de découvertes archéologiques. Au centre se dressait une lanterne des morts. Jane pouvait voir au sommet la flamme sacrée sculptée dans la pierre.

« A vrai dire », pensa-t-elle irrévérencieusement, « on dirait plutôt un ananas. » Elle s'approcha et leva les yeux sur les tourelles pointues de la cathédrale. Il semblait y avoir aussi des flammes sacrées à leur sommet. Tandis qu'elle contemplait l'architecture, elle prit conscience d'une ombre rôdant près d'elle et sursauta ; elle regarda autour d'elle et vit un homme grand avec un long visage jaunâtre, vêtu d'une robe noire. Elle eut un petit recul.

« Vous pouvez bien reculer, jeune femme », dit-il sévèrement, « c'est votre conscience coupable qui vous accuse. Je suis venu vous mettre en garde. Vous entretenez des relations très discutables, au péril éternel de votre âme. Je vous conseille de prendre garde, autrement vous pourriez tomber sous le coup de l'Inquisition qui fut créée pour réprimer le genre d'activité que vous envisagez. »

« Je n'envisage rien du tout », dit-elle d'une voix mal assurée. Les yeux noirs de l'homme brillaient de colère.

« Vous osez me répondre, impudente enfant ? » gronda-t-il, « quand vous sentirez le pouvoir de l'Inquisition, vous regretterez de ne pas avoir tenu compte de ma mise en garde ! » Et il rentra d'un pas rapide dans la cathédrale, sans un regard sur elle. Jane était terrifiée. Elle se sentait malade de peur et au bord des larmes, mais heureusement elle vit sa mère et Alan dans l'entrée et courut vers eux.

©1997 Nancy B. Roberts

« Avez-vous vu ce prêtre ? » demanda-t-elle, « il m'a fait peur. » Gill la regarda d'un air perplexe.
« C'était seulement le sacristain. Il nous a dit que c'était le moment de fermer. Il allait boucler les lieux pour deux heures. Bien sûr, tu ne l'as pas compris, mais tu n'avais pas besoin de t'affoler. Tu es vraiment bien pâle. »
« Je crois que c'est la chaleur », dit Alan, « venez, allons déjeuner. Tu te sentiras mieux après une boisson fraîche. »

Il conduisait son petit groupe, maintenant rejoint par Nick, à travers un dédale de petits passages sombres où il faisait beaucoup plus frais. Les touristes affluaient dans les rues étroites, bordées de jolies boutiques. Jane repéra un coiffeur appelé 'Aliénor' et donna un coup de coude à sa mère qui lui sourit.

Soudain ils se trouvèrent sur une grande place très animée. La plupart des gens étaient assis sous des parasols rayés en train de déjeuner et de déguster leurs verres de vin. Alan connaissait un très bon restaurant où ils eurent la chance de trouver une table déjà prête pour quatre personnes, et ils s'assirent immédiatement.

Jane se sentait mieux, prête à déjeuner. Elle se demandait pourquoi elle avait eu si peur du sacristain, et pourquoi elle avait pensé qu'il parlait de l'Inquisition. Ce doit être la chaleur, pensa-t-elle et, tout haut :

« Qu'allons nous manger ? »

« Nous prendrons le menu », dit Alan, « c'est toujours la façon la moins chère de manger en France et c'est très raisonnable ici : soixante francs. »

« C'est à dire environ six livres ? » dit Nick.

« Oui, mais on a trois plats, avec le vin. Vous ne trouverez pas cela en Angleterre. »

La serveuse arriva avec une grande carte pour chacun ; ils passèrent un bon moment à s'interroger sur chaque plat et à faire leur choix.

« Pour moi, choisir est le meilleur moment », observa Alan.

« Je préfère savourer », dit Gill.

Pendant leur repas, ils regardèrent autour d'eux en admirant les belles maisons médiévales et Renaissance de la place qu'Alan appela 'place Saint Louis', le nom d'un des plus célèbres rois de France.

« Il descendait d'Aliénor d'Aquitaine », dit Gill enjouée, « je crois qu'il était son arrière-petit-fils. » Ils finirent leur déjeuner, Alan et Gill prirent leur café et les enfants les petits chocolats qui l'accompagnaient ; l'après-midi était déjà bien entamée ; chacun se sentait un peu languissant. Alan dit qu'il était temps de partir pour explorer les ruines romaines mais Gill souffrait des pieds et Jane prétexta une grande fatigue pour déclarer qu'elle ne ferait pas un pas de plus.

Alan, compréhensif, leur conseilla le petit train jouet (en réalité une sorte de bus avec de petits wagons reliés les uns aux autres) qui avait déjà traversé la place un moment avant. Nick dit que c'était pour les enfants et qu'il n'en était pas question pour lui ; Alan était assez d'accord ; aussi se séparèrent-ils, décidant de se retrouver dans une heure près de la fontaine de la place. Ils regardèrent la fontaine : c'était la statue d'une très grosse femme nue portant dans ses mains l'urne du jet d'eau et Nick allait dire qu'il ne poireauterait sûrement pas près de cette monstruosité quand Gill ajouta :

« Et ensuite nous mangerons des glaces avant notre départ. » Il apprécia. Lui et Alan disparurent dans le labyrinthe médiéval opposé à celui de leur arrivée et Gill et Jane se dirigèrent vers l'arrêt du bus, suivant les instructions d'Alan. Le petit train attendait un supplément de passagers car il n'était qu'à moitié plein, et les jeunes femmes grimpèrent à bord. On l'aurait dit sorti d'un livre d'enfant, blanc et or avec une petite cloche qui tintait souvent. Les sièges étaient en plein air mais protégés du soleil par une toiture en tôle. Le conducteur sonna la clochette et démarra. Il commentait brièvement les choses intéressantes au passage en français, anglais et allemand, mais cela ennuya vite Jane. Ils empruntèrent les rues qu'ils avaient parcourues à pied, passèrent par la jolie place et d'autres plus petites mais non moins charmantes, y compris un petit marché. A un moment elles aperçurent Alan et Nick devant un magasin de cyclomoteurs et leur firent signe.

Devant la cathédrale, Jane frissonna de tout son corps à nouveau, mais on passa vite. Soudain apparut une tour extraordinaire au bout d'une sorte de parc. Jane pensait un peu au donjon de La Tour Blanche car on pouvait voir jusqu'au cœur de la ruine. Cependant, cette tour était absolument ronde et paraissait très ancienne. Le guide dit aux passagers que c'était la tour de Vésone, l'ancienne ville romaine, et qu'elle remontait au premier siècle avant Jésus-Christ.

« C'est incroyable que quelque chose d'aussi vieux tienne encore debout ! » s'exclama Jane. Ils passèrent devant une sorte de forum, mais il y avait beaucoup moins à voir.

« Les maisons de Périgueux ont sans doute été construites à partir des ruines romaines », dit Gill, « aussi il n'en reste pas grand-chose. » Cela se confirma aux arènes romaines qui avaient certes la forme arrondie – ils en firent le tour – mais avaient été transformées en jardin public, avec des pièces d'eau et des bacs de sable pour les enfants. Çà et là demeuraient quelques vestiges antiques et Jane imaginait les tigres et les lions rugissant dans leurs cages en attendant de s'élancer sur les chrétiens pour distraire de riches Gallo-Romains.

Puis ils passèrent devant une vieille et jolie église sur sa petite place que le guide appela 'Eglise de la Cité' et Gill dit qu'elle correspondait mieux à son idée d'une église romane que la cathédrale. Ils ne tardèrent pas à brinquebaler le long d'une grande artère bordée de magasins et d'un cinéma proposant une demi-douzaine de films, puis se retrouvèrent à leur point de départ.

« Nous étions sur une machine à remonter le temps », dit Jane. « Elle nous a promenées des temps romains au Moyen Age et à la Renaissance pour retrouver les temps modernes. »

Elles trouvèrent la fontaine à la grosse dame mais aucun homme en vue.

« Pouvons-nous manger une glace tout de suite ? » demanda Jane, « en allant vite, nous pourrons dire que nous les avons attendus et en prendrons une autre quand ils arriveront. »

« Tu finiras par me mettre sur la paille et tu grossiras comme la dame de la fontaine ! » gémit sa mère ; elles décidèrent en compromis de commander une grosse glace pour chacune et de les manger très lentement.

Nick et Alan apparurent avant qu'elles n'aient fini ; ils avaient plus soif que faim et demandèrent une boisson au citron appelée *'citron pressé'* qu'Alan appréciait particulièrement. Nick parla de leur véritable crapahutage, à travers des cascades d'escaliers, des dédales de ruelles où des pickpockets et des coupeurs de bourses pouvaient s'être tapis dans les temps passés. Ils avaient vu plusieurs tours anciennes dont une romaine, et fait le tour des arènes.

« Nous avons vu un tas de choses que vous n'auriez jamais vues de votre petit train », dit-il en ricanant.

« Mais nous n'avons pas aussi chaud et ne sommes pas épuisées comme vous », dit Jane sur le même ton.

« Et je n'aurai pas de repas à préparer ce soir », dit Gill.

CHAPITRE X

Grand-mère

La première quinzaine d'août tirait à sa fin, et la vie à Pégrillou suivait son petit train-train. Les adultes avaient l'air assez contents, livrés à leurs occupations, mais les enfants s'ennuyaient parfois. Jane regrettait ses amis et sa chambre, avec tout ce qu'elle aimait retrouver après la classe. La télévision manquait à Nick, et aussi sa stéréo qu'il n'avait pas pu emporter parce que son père n'aimait pas son genre de musique, et disait que le petit grésillement qu'il entendait par les haut-parleurs lui portait sur les nerfs. En tout cas Nick n'avait pas le mal du pays. Sa mère s'était remariée quelques années auparavant ; elle avait maintenant deux bébés qui l'absorbaient complètement, et Nick se sentait souvent en trop chez lui ; il disait qu'il n'y avait pas de paix possible avec cette paire de petits braillards.

« J'aimerais avoir des petits frères », dit Jane.

« Les gosses sont un fléau », répliqua Nick. « Je ne me marierai pas. » Aussi Jane ne dit rien de ses projets.

Gill regardait les enfants qui traînassaient. Nick n'avait pas l'air de faire beaucoup de révisions. Jane avait fini son livre, ainsi que son projet. Il faisait trop chaud pour aller dehors, et Jane se plaignait de ne plus se baigner.

« Pourquoi n'allons-nous pas nager chez les Legrand ? » gémit-elle.

« Parce qu'ils ne vous l'ont pas demandé », dit sa mère. « Vous ne pouvez pas vous imposer. Ils ont peut-être des invités. »

« Nous pouvons être leurs invités », dit Jane.

Gill fit de son mieux. Elle offrit à Nick de le conduire jusqu'à Ribérac pour apporter ses photos à développer (elle avait d'ailleurs quelques courses à faire) et promit à sa fille de l'aider à sa collection de fleurs séchées dès son retour.

« Très bien », dit Jane, ravie de ce projet, « mais je vais avec vous. Je veux poster quelques cartes pour mes amies. » Colin apparut, annonçant qu'il avait décidé de passer deux jours à Montpellier pour faire des recherches aux Archives du département.

« Je suis sûr de ne pas vous manquer », dit-il et, malgré les protestations d'usage, ils étaient au fond tout à fait d'accord. Colin les quitterait après un déjeuner de bonne heure et serait absent deux nuits. Alan peignait à Chapdeuil, à l'ombre de son grand chapeau de paille, assis sur le pliant qu'il emmenait toujours avec lui.

Il fallait environ vingt minutes pour se rendre à Ribérac, mais Gill dit qu'elle aimait le supermarché. Il était frais et pratique, et moins cher que les boutiques du village. Il y avait une boîte pour mettre les pellicules à l'entrée (on vous les renvoyait dans les deux jours.) Nick dit qu'il avait pensé les avoir dans l'heure, mais Gill lui fit sèchement remarquer que c'était bien assez coûteux sans ajouter un supplément pour un service rapide.

Jane mit ses cartes dans la boîte aux lettres et découvrit une machine automatique à photographier assez étonnante. Une jeune fille posait dedans, en partie cachée par un petit rideau.

« Regardez ! » dit-elle aux autres, « il y a une sorte d'ordinateur qui vous permet de choisir si vous aimez votre image avant de la tirer. Vous pouvez faire un tas d'essais avant de tomber sur la bonne pose. » Gill était assez intriguée, elle se trouvait toujours affreuse en photographie, aussi quand la cabine fut libre, elle s'y aventura. Vous pouviez aussi choisir entre la couleur et le noir et blanc, entre une grande photo ou quatre petites. Puis Jane prit son tour. C'était fascinant de voir ses traits fixés sur la glace alors qu'elle continuait à bouger.

« C'est un miroir magique ! » cria-t-elle, « Mes traits semblent figés dans le temps. Je pourrais me regarder dans une glace comme ça quand je serai vieille, et j'aurais toujours l'air d'être une jeune fille, comme dans l'histoire de Dorian Gray. Peut-être est-ce cela, un fantôme : un reflet d'une image du passé. » Nick dit qu'elles étaient deux femmes vaniteuses, et qu'il fallait chercher du Nutella et du saucisson sec. Puis ils se rappelèrent qu'ils devaient prendre un caddie sur le parking. Jane donna une pièce de dix francs à Nick qui courut en chercher un tandis qu'elles attendaient la sortie des photos.

Gill et Jane poussaient le caddie, le chargeant de salades et de fruits que Nick allait peser sur les balances, pressant les boutons adéquats comme si c'était un jeu de loto et collant les étiquettes sur les sacs. L'étalage de poissons était aussi grand que chez un poissonnier ; Jane acheta une livre de petites sardines fraîches à frire dans l'huile d'olive pour le dîner. L'étalage de fromages était stupéfiant : il s'étendait sur des mètres et l'on pouvait choisir parmi des centaines de fromages différents : Nick compta huit marques de camembert dans leurs boîtes rondes. Il y avait l'embarras du choix, mais Gill fit un compromis entre ceux qu'elle préférait et les meilleurs marchés en achetant quatre sortes de fromage, puis un chèvre frais délicieux, dit-elle.

« Pouvons-nous avoir des crèmes glacées ? » demanda Jane, et à nouveau ils eurent un choix difficile ; ils finirent par en prendre deux litres : Jane prit de la glace au chocolat et aux noisettes, Nick choisit un sorbet aux cassis. Ensuite ils voulurent revenir le plus vite possible à la maison avec leurs emplettes mais il y avait bien sûr d'immenses queues aux caisses. Ils observaient devant eux le déroulement des marchandises, fascinés par les quantités de nourritures qui défilaient sur le tapis roulant.

« Ils doivent avoir une famille nombreuse ! » observa Jane.

« Ou sans doute ils n'aiment pas faire les courses et s'approvisionnent pour longtemps » suggéra Nick, « comment y a-t-il tant de bonnes choses en France ? ».

« C'est une tradition chez eux », dit Gill. « La nourriture tient une grande place dans leur culture. Ils y consacrent une plus grande part de leurs revenus que nous en Angleterre, et s'attachent beaucoup à la qualité ».

« Il ne doit pas rester grand-chose aux pauvres pour le reste », dit Jane.

« Mais ils conservent leur santé mieux que nous. Ils mangent moins de mauvaise nourriture et d'hydrate de carbone, moins de fritures du genre 'fish and chips' ou d'hamburgers graisseux. » C'était maintenant à leur tour de payer, puis ils filèrent vers la voiture, dans la chaleur écrasante. Nick courut remettre en place son caddie et retrouva les dix francs puis ils retournèrent à la maison.

« Vous avez de la chance », dit Alan, « Claudine a téléphoné dans la matinée, pour vous demander de les rejoindre à la piscine après déjeuner. »

« Ouais ! » cria Jane.

Quand ils arrivèrent chez les Legrand, il y avait une vieille dame assise sous le parasol, en costume de bain sous un peignoir à fleurs. Elle avait des jambes bronzées et des sandales dorées.

« Voici Grand-mère », dit Claudine. « Elle reste avec nous. » La vieille dame buvait du Coca-Cola, et Madame Legrand parut bientôt avec une grande bouteille et des verres pour les enfants.

« Ma mère parle très bien anglais », dit-elle. Grand-mère raconta qu'elle avait longtemps vécu en Algérie quand son mari y travaillait, et ils avaient beaucoup d'amis anglais.

« Mais je suis originaire de ce pays », dit-elle. « J'étais en pension à Ribérac quand j'étais enfant. » Il y avait un pensionnat tenu par des religieuses. « C'était très dur », poursuivit-elle, « je n'avais que huit ans en y arrivant, il y avait même des enfants plus jeunes. Nous faisions notre toilette dans des cuvettes, avec des brocs d'eau où il fallait parfois briser la glace en hiver. »

« Ça devait être terrible ! » dit Jane, stupéfaite, « Pourquoi vos parents vous ont-ils envoyée là-bas ? »

« Ils étaient agriculteurs », dit Grand-mère, « et nous n'avions pas de bonne école plus près. De plus, c'était la guerre, et il n'y avait pas d'essence. Les religieuses nous donnaient toujours du pain rassis, et nous n'en mangions pas beaucoup ; nous le fourrions derrière les radiateurs pour nous en débarrasser. »

« Alors, vous deviez avoir rudement faim ! » dit Nick.

« Oh, oui, tout le temps. Je priais pour avoir du chocolat. Un jour, mes parents m'en ont envoyé quatre barres par la poste, et j'ai allumé un cierge pour saint

Antoine. Mais aussi nous nous amusions. Il y avait une religieuse qui avait très peur des esprits, aussi nous donnions des coups sous nos bureaux et elle disait : « mes enfants, il y a un esprit dans cette salle ; prions ! »

« Croyez-vous aux esprits ? » demanda Jane, fascinée. Grand-mère dit qu'elle aimerait bien y croire, car elle vieillissait et ne voulait pas penser qu'elle s'éteindrait un jour, comme une chandelle.

Claudine embrassa sa grand-mère et lui assura qu'elle vivrait éternellement. Puis les enfants allèrent nager, les garçons s'éclaboussant à nouveau, et arrosant Snoopy qui aimait ça.

« Vous devriez lui trouver un bassin », suggéra Jane. Quand ils furent séchés, Grand-mère demanda aux filles de l'aider pour le goûter, elles la suivirent dans la cuisine. Le sol était carrelé de blanc, ainsi que les éléments. Tout faisait très net.

« Je vais vous montrer quelque chose », dit Grand-mère, « connaissez-vous la *mère de vinaigre* ? »

« La *mère de vinaigre* ? » demanda Jane, étonnée, « je ne sais pas ce que c'est. »

« Regardez », dit la vieille dame en leur montrant un grand pot de grès brun recouvert d'une soucoupe. Jane souleva le couvercle et regarda.

« On dirait du vin rouge », dit-elle, « mais ça sent le vinaigre. » Elle fronçait le nez.

« C'est du vinaigre », dit Grand-mère en plongeant sa main dans le pot, « et voilà la mère », ajouta-t-elle en tirant un grand morceau de quelque chose comme de la gelée ou du foie.

« A quoi ça sert ? » demanda Jane, « est-ce vivant ? »

« Mais oui », dit Grand-mère, « cela transforme le vin en vinaigre. D'abord elle est très petite, on peut la trouver au fond d'une vieille barrique. Puis vous lui donnez beaucoup de vin à boire et elle grossit. De petites mouches entrent et l'aident à rendre le vin aigre. Puis vous pouvez couper un morceau de la mère et le donner à une amie qui va faire son propre vinaigre. Les deux morceaux grossissent séparément. Quand vous prenez du vinaigre pour votre salade vous ajoutez un peu de vin et la mère continue son action. Puis un jour elle vieillit, devient dure et noire. Elle meurt et vous la jetez ; votre amie vous en donne un morceau et c'est reparti. »

« Comme la nature est merveilleuse ! » dit Jane. C'était ce qu'elle avait entendu dire par sa mère, mais en elle-même, elle pensait qu'elle aimerait mieux prendre son vinaigre au supermarché. « Les Français sont vraiment différents de nous », pensait-elle.

Pendant ce temps, Claudine, qui avait préparé le goûter, donnait à chacun quelque chose à porter, et Madame Legrand et les garçons attendaient comme des guêpes autour d'un pot de confiture pour finir les gâteaux et les tartines.

« Il fait trop chaud pour manger dehors », dit Nick, mais les Legrand étaient habitués aux étés français.

« Bientôt la lune changera et l'orage arrivera », dit Claudine. « Cela arrive toujours aux environs du quinze août. »

« Je ne crois pas que ce soit pareil en Angleterre », commenta Jane, « est-ce que ce sera une vraie tempête ? »

« Il y aura du tonnerre et des éclairs avec une grosse pluie », dit Grand-mère, « mais ça ne dure qu'un ou deux jours et ensuite le beau temps revient. »

Madame Legrand se souvint d'une chose qu'elle voulait leur dire :

« Il y aura un concert dans la vieille église de Ribérac vendredi prochain », dit-elle. « Ce sont les Tré Fontane qui chantent les poèmes des troubadours. Ils jouent très bien sur de curieux instruments anciens comme vous n'en avez jamais vu. Je l'ai lu dans le journal. » Les enfants étaient enthousiastes, surtout Jane et Pierre.

« Ils chantent les chansons d'Arnaut Daniel ? » demanda-t-il.

« On verra », dit sa mère.

« J'en parlerai à la maison », dit Jane. « Peut-être voudront-ils tous venir. »

« Alors nous irons en deux voitures », dit Claudine, « nous nous retrouverons et nous placerons ensemble. » Ainsi entre eux, ils avaient déjà tout arrangé. Jane était tout excitée à la pensée de se rapprocher davantage du passé par la musique. Elle ne voyait pas bien pourquoi, mais elle sentait qu'Arnaut Daniel comptait beaucoup pour Aliénor. Ses pensées voltigeaient et, tandis qu'elle s'assoupissait sur une chaise longue après une dernière nage, elle crut voir briller les yeux verts d'Aliénor et l'entendre dire :

« Oui, Arnaut est mon ami. Il chante à la Cour de mon père, et nous partageons tous nos secrets. On peut mettre toute sa confiance en lui. » Puis elle s'endormit vraiment jusqu'à ce que Claudine la réveille pour lui dire que Nick était prêt à partir et qu'elle avait ronflé pendant une demi-heure !

CHAPITRE XI

L'orage

La journée commençait mal. Nick était de mauvaise humeur car le lait avait tourné, il fallait se contenter du lait en boîte qui se trouvait parmi les réserves de Gill.

« Je déteste le lait en boîte ! » gémit-il, et Alan lui dit sèchement de ne pas faire l'enfant. L'atmosphère dans la salle à manger était aussi aigre que le lait. Gill ouvrit les fenêtres pour faire entrer l'air, mais il y en avait encore moins à l'extérieur. Les enfants s'étaient lassés d'aller toujours chercher le pain et faisaient grève. Gill grognait contre le gaspillage et cherchait comment utiliser le pain dur. Ils avaient eu des croûtons frits dans le potage les soirs de fraîcheur, et des toasts au fromage sur de la soupe à l'oignon, « très français », dit-elle. Encore plus français, les croûtons et les petits lardons frits sur la salade pour déjeuner. Puis elle avait eu la brillante idée de récolter toutes les miettes (le pain français en laissait beaucoup) pour enrober des escalopes trempées dans de l'œuf battu et les faire frire. Jane était sûre de grossir à ce régime tout en trouvant que c'était délicieux.

« Haut les cœurs », essaya-t-elle, mais sans aucun succès. Un voile de tristesse semblait s'abattre sur le petit groupe.

Alan prit sa tasse de café et l'emporta avec lui « pour reprendre son travail. » Nick fila vers le salon et parut plongé dans ses révisions, mais il perdit vite tout intérêt à la grammaire française qu'il était supposé apprendre et se mit à bricoler.

Il démonta ses jumelles et commença à polir les lentilles. Les remettre en place n'était pas si facile.

« Je m'ennuie ! » dit Jane.

« Qu'importe ! » répliqua Nick. La journée s'annonçait mal. Gill avait besoin d'aide dans la cuisine mais Jane refusa net.

« Pourquoi profiter de moi parce que je suis une fille ? Comment Nick fait-il tout ce qu'il veut ? Il ne fait d'ailleurs rien du tout ! » dit-elle. Gill lui fit observer que ce n'était pas gentil de rapporter, mais Jane n'avait pas fini.

« Tu es une poire », dit-elle violemment. « Tu fais tout le travail ici et tu laisses les autres flâner. Pourquoi ne vas-tu pas toi aussi faire ce qu'il te plaît en laissant, pour changer, les corvées aux autres ? » Gill lui fit remarquer qu'ils étaient invités et que c'était la moindre des choses de donner de sa personne en contrepartie. Les hommes se chargeaient des poubelles, de changer les bouteilles de gaz, et Alan était toujours prêt à aider pour les courses.

« La belle affaire ! » dit Jane.

« En tout cas », dit Gill, « je vais faire quelque chose de personnel. J'ai commencé à écrire. » L'intérêt de Jane était enfin éveillé mais Gill refusa de dire un mot de plus. « Tu en sauras davantage si j'arrive à quelque chose », dit-elle, et Jane dut s'en contenter.

Elle revint dans sa chambre mais la trouva étouffante malgré la porte-fenêtre ouverte : elle était vraiment microscopique ! Elle emporta un livre sur la petite terrasse mais ne put se concentrer. D'abord, l'air était suffocant. Il y avait bien une petite brise, mais tiède et énervante. Le ciel était plein de minuscules bestioles qui se mettaient dans les cheveux et même dans les yeux et vous faisaient éternuer en vous chatouillant. Jane jeta son livre par terre et revint trouver Nick.

« Tu viens te promener ? » dit-elle. Nick semblait peu disposé.

« Bon, d'accord », dit-il à contrecœur. Ils partirent sans but, errèrent dans les bois, silencieux un moment. Il faisait un peu plus frais sous la voûte de feuillage, mais sans beaucoup d'air. Le parfum des châtaigniers était presque irrésistible.

« N'est-ce pas tranquille ? » murmura Jane. Ils s'arrêtèrent pour écouter, mais la forêt n'émettait aucun son ; pas un chant d'oiseau, ni même d'insectes. Le soleil avait disparu derrière des nuages sombres qu'on apercevait au travers des arbres.

Jane se sentit soudain frappée de panique. Elle se souvint d'avoir lu ce qui arrivait à des gens dans la mythologie grecque. Ils erraient dans les bois et se trouvaient tout à coup en face du dieu Pan aux pieds de chèvre, qui les frappait de terreur. C'était l'origine du mot 'panique'. Elle murmura à nouveau :

« Les gens peuvent avoir des crises cardiaques et mourir de frayeur, tu ne crois pas ? » Nick dit qu'en effet, ça pouvait se produire. Ils s'assirent par terre, un peu haletants dans la chaleur.

« Regarde ! » dit Nick d'une voix rauque.

« Où ? » Jane tremblait de peur.

« Tu ne vois pas ce visage là-bas ? » dit-il en montrant un grand châtaignier.

« Tu m'as bien eue ! » dit Jane d'un air méfiant, mais elle parlait encore tout bas. Nick affirma avoir vu un affreux vieil homme avec un nez porcin et des feuilles poussant sur sa tête qui les regardait en se léchant les lèvres.

« Je crois que c'est un des Hommes Verts », dit-il. Je pense que les bois en sont pleins. » Jane était presque sûre qu'il racontait des histoires mais n'était pas vraiment rassurée.

« Rentrons », dit-elle, mais à cet instant, il y eut un terrible coup de tonnerre. On aurait dit des géants jouant aux boules juste au-dessus de leurs têtes.

« Nous ferions mieux de partir d'ici », cria Nick, élevant la voix pour la première fois depuis qu'ils étaient dans les bois. « Si un arbre est frappé par la foudre, nous pourrions être écrasés ! »

« Mais si la foudre tombe sur nous, nous pourrions être anéantis ! » gémit Jane. A ces mots, un éclair zigzagua au-dessus des arbres et un quart de seconde après, la tonnerre gronda à nouveau et l'écho se répercuta, menaçant, dans le ciel.

Les enfants prirent leurs jambes à leur cou, courant à la même vitesse. Ils voulaient reprendre leur chemin, mais bien sûr il était invisible, et ils se retrouvèrent dans les broussailles, leurs vêtements accrochés par les ronces, les jambes brûlées par les orties.

Une branche fouetta le visage de Jane qui éclata en sanglots, autant de peur que de douleur, mais Nick ne s'arrêta pas pour si peu.

« Viens ! » hurla-t-il, « ou tu resteras derrière ! » Elle le suivit, haletante, sans rien voir. Jane était sûre que les Hommes Verts riaient d'elle, et croyait apercevoir des visages ricanants tandis qu'elle s'arrachait aux fourrés, écartant les ronces dans l'espoir de retrouver un chemin.

Pendant ce temps le tonnerre et les éclairs continuaient de plus belle.

Enfin ils débouchèrent sur une clairière où ils s'arrêtèrent pour reprendre leur souffle, et en même temps survint un répit, mais le ciel était toujours sombre et l'air chargé d'électricité.

« Où sommes-nous ? » demanda Jane d'une voix blanche, tandis que Nick, bien sûr, n'en avait aucune idée ; « et qu'est-ce que c'est que ça ? » 'Ça', c'était un autel en pierre, élevé sur une motte de gazon. Il n'était pas décoré, à part une coquille Saint-Jacques ciselée sur le devant. Ils s'approchèrent doucement, un peu craintifs. Jane se remit à parler bas :

« Crois-tu que c'est une tombe ? » demanda-t-elle. « Crois-tu qu'il y a quelqu'un enterré là-dessous ? »

« Probablement ». Ils firent le tour de la table de pierre, mais ne virent aucune inscription. « Je crois qu'ils y faisaient des sacrifices humains », suggéra Nick, « et découpaient des vierges avec un couteau de pierre par clair de lune. »

Jane frissonna. Cela semblait très vraisemblable.

« Partons d'ici » demanda-t-elle en prenant la main de Nick. Comme ils traversaient la clairière, ils remarquèrent un bâtiment à l'autre bout. Il y avait quelque chose de pointu d'un côté, et, en s'approchant, ils aperçurent une vieille cloche dont la corde pendait encore.

« C'est une chapelle ! » dit Jane, un peu rassurée. Juste à ce moment, des éclairs flamboyèrent à nouveau dans le fracas du tonnerre, et le ciel déversa une pluie diluvienne, une véritable douche sur leurs têtes. Les enfants mirent le cap sur la chapelle d'un commun accord, trempés avant d'y

Nancy B. Roberts ©1996

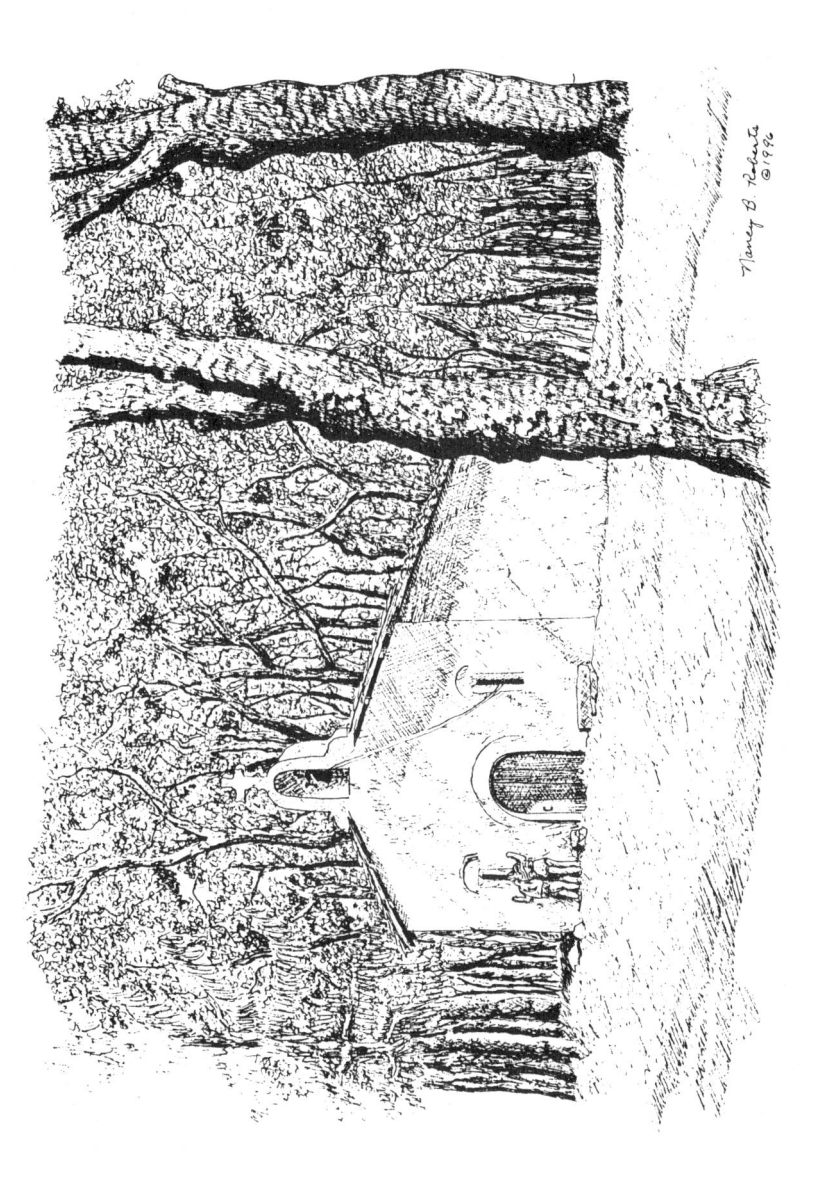

arriver. Elle était fermée, mais il y avait une grande pierre de chaque côté, comme pour servir de bancs.

La pluie tombait encore comme Nick essayait d'ouvrir la porte, mais elle semblait verrouillée. Il monta sur une des pierres pour regarder à travers une petite ouverture du mur, et Jane grimpa sur l'autre pierre.

« Il y a un prêtre à l'intérieur ! Il prie devant l'autel. »

« Alors demande-lui d'ouvrir la porte ! »

« *Monsieur !* » cria Jane à travers la petite fenêtre par deux fois. Il n'y avait pas de vitre mais il ne semblait pas l'entendre. Nick se saisit de la corde qui se balançait près de sa main droite et lui donna une petite secousse. Le son de la cloche était assez mélancolique. Jane était un peu choquée, mais dit :

« Il nous a entendus. Il vient nous ouvrir ».

Nick sauta par terre et essaya encore de tourner la poignée de la porte. Enfin la porte céda et les enfants se précipitèrent dans la chapelle. Il faisait très sombre, la seule lumière passant par deux petits interstices sur la façade, deux autres au fond, très haut au-dessus de l'autel : une simple table en bois couverte d'un vieux tissu qui avait été blanc. Des toiles d'araignées étaient suspendues aux vieux bancs vermoulus qui étaient le seul mobilier.

« *Merci, monsieur* », dit Jane au prêtre qui tenait la porte. « Il dit que nous pouvons nous asseoir pour nous reposer » ajouta-t-elle pour Nick, qui ne semblait pas le voir.

Ils s'assirent avec gratitude, un moment silencieux. Il faisait un froid sépulcral entre les murs épais de la vieille chapelle, et ça sentait le moisi. Jane regarda le curé qui semblait aussi vieux que son église. Il n'était pas vêtu comme les prêtres qu'elle avait vus, mais plutôt comme un moine, d'une vieille soutane poussiéreuse et déchirée.

« Je me demande si c'est un ermite », se demanda-t-elle, et les mots « le bon ermite vit dans les bois » lui vinrent à l'esprit, mais sans qu'elle se rappelât d'où ils venaient. Il serait difficile de lui demander le chemin du retour s'il ne parlait pas anglais, mais ils arrivèrent à se comprendre un peu et finirent par causer entre eux un bon moment. Il avait compris que les enfants erraient dans la forêt et put leur expliquer ce qu'ils devaient faire pour retrouver leur chemin. Puis il parla des Hommes Verts qui vivaient dans les endroits les plus obscurs et elle comprit qu'ils l'avaient échappé belle.

« Ils se cachent dans les coins broussailleux et venimeux », avait dit-il, « cherchant à prendre l'imprudent au piège. Vous devez toujours être vigilants et vous garder des illusions. » Jane était contente quand il lui dit de ne pas avoir peur de l'autel. Les gens avaient prié sur ce monticule depuis des siècles, assura-t-il, et rien de mauvais ne pouvait arriver sur cette pierre. Elle avait été posée là par les pèlerins qui se rendaient au tombeau de saint Jacques de Compostelle et y avaient sculpté leur emblème : une coquille Saint-Jacques.

Jane se souvint d'en avoir entendu parler à la radio. Dans les temps anciens, les gens qui le pouvaient partaient en pèlerinage plutôt qu'en voyages organisés. Habituellement, ils partaient par groupes pour plus de sûreté, souvent conduits par leur curé. Ils portaient une coquille Saint-Jacques s'ils se rendaient à Compostelle afin d'être respectés et protégés en terre étrangère. Les chemins pour Compostelle, en Espagne, traversaient le sud-ouest de la

France par quatre routes principales où affluaient comme des torrents, sentiers et chemins perdus, s'écoulant à travers les bois et les villages. Ils étaient tombés sur un lieu où les pèlerins avaient trouvé sanctuaire, abri et hospitalité durant des siècles.

Jane remercia l'ermite et lui dit qu'elle se sentait beaucoup mieux, et qu'ils retrouveraient sûrement leur chemin grâce à ses indications.

Ils sortirent ; il ne pleuvait plus et le soleil réapparaissait, faisant étinceler les gouttes de pluie au bout des feuilles. Un petit sac en plastique volait près de l'entrée et Jane se pencha pour le ramasser et le mettre dans sa poche : elle détestait le désordre.

« Regarde ! » cria Nick, « Il y a un sentier qui part de l'entrée. Comment ne l'avons-nous pas remarqué tout à l'heure ? »

« Je crois qu'il conduit *à* l'entrée », dit Jane comme ils revenaient vers les arbres. Dans la clairière suivante, Jane remarqua un buisson de mûres, grosses boules noires, parmi les plus jeunes encore rouges et dures.

« Cueillons-les », dit-elle, « nous les mettrons dans cette poche. » Elle avait l'air propre bien qu'humide, et Jane la retourna pour y mettre les mûres. Nick l'aidait, en cueillant les plus hautes qu'elle ne pouvait atteindre. Ils trouvèrent toujours plus de ces délicieux fruits, et Nick coupa une solide branche de sureau pour lui servir de crochet afin de courber les plus hautes branches. Quand ils retrouvèrent l'endroit où ils avaient commencé à se tromper, le sac était plein et plutôt juteux. Jane était tout égratignée par les ronces, la bouche tachée de mûres, mais de nouveau joyeuse.

Gill préparait une tarte aux pommes pour le dîner, et se montra ravie de leur contribution.

« Une poignée de mûres dans la tarte l'améliorera beaucoup », dit-elle, « et je pourrai aussi faire quelques pots de confiture ». L'orage avait nettoyé l'atmosphère, Gill avait nettoyé la cuisine, et tout le monde avait faim. Jane mit le couvert pour le déjeuner de très bonne humeur, tandis que Nick revenait à ses révisions. Devant tout ce zèle, il ne voulait pas en rajouter.

« *Il ne faut pas exagérer* », lança-t-il avec courtoisie, par-dessus son épaule.

CHAPITRE XII

Brie

« Hou-hou-hou ! » appela l'oiseau, et « Hou-hou-hou ! » répéta-t-il.

Nick s'agita vaguement dans son sommeil. Il était beaucoup trop tôt pour se lever.

« Etait-ce une chouette ? » se demandait-il, « ou bien un coucou qui se trompe ? » Soudain, il fut bien réveillé et se leva. L'oiseau continuait sa chanson monotone, et Nick se rapprocha de la fenêtre. A sa surprise et à sa grande joie, il put voir très nettement non pas un, mais deux charmants petits oiseaux engagés dans un rituel amoureux. Ils ressemblaient un peu à des piverts en taille et en couleurs, ou peut-être davantage à des geais. Leurs becs étaient fins, comme des becs d'oiseaux-mouches, et, le plus curieux, ils avaient une crête de plumes sur la tête, comme de minuscules chefs indiens.

« Je sais ce que c'est ! » se rappela Nick, « ce sont des huppes ! J'en ai vu des images quelque part, mais je ne savais pas qu'il y en avait en France ! » Il alla doucement chercher son appareil et le tint prêt à fonctionner. Puis il revint furtivement, osant à peine respirer. Il réussit à prendre deux photos avant que les oiseaux, conscients du déclic de l'obturateur, prennent leur envol. Nick était ravi de lui-même. « Avec un peu de chance je pourrais avoir des photos formidables. » Il regarda sa montre. Il n'était que sept heures et demie, exceptionnellement tôt pour Nick qui normalement dormait aussi tard que possible. La journée s'annonçait belle : lumineuse et fraîche ; il se sentait soudain bien reposé et prêt à s'amuser. Il décida de prendre son appareil et d'aller dans les bois en essayant de poursuivre le cerf. Son père lui avait dit qu'il y en avait là, mais il n'en avait pas encore repéré un seul. Il enfila à la hâte quelques vêtements et sauta par la fenêtre avec son appareil photo.

Ils prenaient tous leur petit déjeuner à son retour, n'ayant pas remarqué que Nick s'était envolé par la fenêtre comme un oiseau, la laissant grande ouverte, son linge de nuit jonchant le plancher.

« Allé te promener ? » demanda négligemment Alan.

« J'ai traqué le cerf », répondit Nick en se mettant à table ; Gill lui versa son chocolat.

« En as-tu vu beaucoup ? » demanda-t-elle.

« Oui, toute une harde, qui buvait dans le ruisseau. »

« Parie que tu inventes », dit Jane. « T'as pris des photos ? » ajouta-t-elle en regardant l'appareil que Nick avait posé sur la table à côté de lui.

« Pas encore, mais j'en prendrai », dit-il, un peu gêné. « Je vais emporter un pique-nique et passer la journée dehors. »

« Je peux venir ? » demanda Jane. Nick dit qu'elle ferait fuir le cerf.

« Tu ferais du bruit en marchant dans les broussailles et ils t'entendraient à des kilomètres, » dit-il. Une petite discussion s'ensuivit, interrompue par Alan : s'ils voulaient un pique-nique, qu'ils le préparent et se supportent l'un l'autre, car lui et Gill avaient à faire, et besoin de paix et de calme.

« Lire et écrire ton journal, ce n'est pas du travail », observa Jane à sa mère ; alors Gill rougit légèrement, disant que ce n'était pas son journal, et qu'elle voulait faire ce qu'elle avait à faire sans être tout le temps interrompue. Jane avait fini son petit déjeuner et pêchait leur pique-nique dans le réfrigérateur. Soudain, une idée lui vint.

« Est-ce qu'on peut inviter Claudine et Pierre ? » demanda-t-elle. « Nous sommes allés chez eux deux fois et ils ne sont jamais venus chez nous. » Gill était bien d'accord mais il y avait des problèmes.

« D'abord, nous ne sommes pas chez nous », dit-elle.

« Et nous n'avons pas grand-chose à leur offrir », acquiesça Jane. « Pas de piscine. »

« Ni de télévision », ajouta Nick.

« Vous pourriez les inviter à une partie de Monopoly », proposa Gill. « C'est le même jeu dans toutes les langues. » Mais les enfants n'en voyaient vraiment pas l'intérêt.

« Vous savez quoi », dit-elle enfin, « je pensais à un pique-nique pour mon anniversaire le vingt-quatre. Je leur téléphonerai pour voir s'ils veulent bien se joindre à nous. »

« C'est la veille de nos préparatifs de départ », remarqua Alan sans enthousiasme.

« Et c'est dans plus d'une semaine », objecta Jane. « Je veux les avoir pour un pique-nique aujourd'hui. » Gill prit le téléphone, et comme solution de compromis, elle demanda aux jeunes Legrand de passer la journée avec Nick et Jane – bicyclette et déjeuner sur l'herbe – pour lui donner un moment de répit ; ils reviendraient pour le goûter et joueraient ensemble. Colin ne serait pas de retour avant dîner, et cela ne l'ennuierait donc pas. Puis, elle demanda à toute la famille de venir se joindre à eux le jour de son anniversaire pour une réception plus soignée. Ils seraient très organisés et auraient toute une journée pour leurs derniers préparatifs et la remise en ordre.

Madame Legrand accepta avec plaisir les deux invitations.

« Et vous viendrez tous *déjeuner* dimanche », insista-t-elle, ainsi l'espoir de Gill de rivaliser en hospitalité ne tenait plus.

« Où irons-nous ? » demanda Nick en cherchant sur une carte à grande échelle.

Jane ne voulait pas faire des kilomètres ; elle avait remarqué, non loin, une tour qui semblait très intéressante, qu'elle aimerait explorer, sur la route de Saint-Just. C'était sur le chemin qu'ils avaient suivi pour Périgueux. Elle aida sa mère à charger les sacoches de tomates et de concombre, de jambon et d'œufs durs avec un tube de mayonnaise. Gill trouva des assiettes en carton et des verres en plastique et ajouta une grande bouteille de citronnade. Nick avait son couteau pour tout le monde. Il avait rempli son sac à dos avec son appareil photo, ses jumelles et sa flasque en aluminium pleine de Volvic car il se méfiait de l'eau du robinet. Jane prit son dernier livre (un C. S. Lewis) et roula une couverture pour s'asseoir ; Nick ajouta son jeu d'échecs de voyage.

« Je crois que tout est prêt maintenant », dit Jane, mais sa mère leur conseilla de prendre leurs blousons en cas de pluie. A ce moment les Legrand arrivèrent. Jane leur montra la propriété et Pierre la trouva « *très amusante* ».

« Mais vous êtes presque dans les bois », remarqua Claudine, « vous devez être bien au frais quand il fait chaud. » Jane leur dit qu'ils seraient encore mieux dans leur piscine. Puis, ils enfourchèrent leurs vélos et roulèrent jusqu'à Fougères, tournant à gauche en arrivant au croisement.

Il y avait peu de circulation et il ne faisait pas encore trop chaud. Les oiseaux chantaient, et cela rendait Jane si heureuse qu'elle aurait voulu chanter, elle aussi, mais elle était trop timide, aussi chantait-elle dans sa tête tandis qu'ils filaient, laissant une carrière sur leur gauche. Au bout de quelques kilomètres, Jane repéra la tour qui se dressait au-delà de la route, sur leur droite.

« La voilà ! » cria-t-elle aux autres. « Tournons au prochain chemin. » Ils traversèrent la route avec prudence, le bras étendu, même sans aucune voiture en vue, et pédalèrent sur un sentier conduisant à :

« *Le Moulin Haut*, c'est-à-dire 'The High Mill' », dit Claudine, et 'Narbonne'.

« Il n'était pas pour rien appelé 'haut' », gémit Jane, comme elle peinait de plus en plus dans la côte jusqu'à l'arrêt complet. Pierre et Claudine avaient une douzaine de changements de vitesse sur leurs vélos de montagne, mais ils ne tardèrent pas à mettre pied à terre en poussant leurs engins. Jane trouva un peu moins fatigant de grimper la côte en danseuse, et enfin, ils arrivèrent à de vastes bâtiments de ferme, puis après un tournant, découvrirent avec ravissement la vieille tour et son important mur d'enceinte.

« Tiens ! Je ne pensais pas qu'il en restait autant ! » s'exclama Nick. Les Legrand étaient surpris eux aussi. Ils habitaient Chapdeuil depuis trois ans sans avoir eu la moindre idée de cette tour.

« J'ai toujours cru que ce n'était qu'une vieille ferme », dit Claudine. S'armant de courage, ils roulèrent jusqu'à la cour, où Nick prenait quelques photos quand une vieille dame en blouse fleurie sortit de la ferme pour voir ce qu'ils voulaient. Claudine parla au nom du petit groupe ; ils espéraient ne pas être indiscrets, mais étaient attirés par le beau château.

« Demande-lui son histoire », dit Jane, qui suivait à demi la conversation, mais curieusement la vieille dame n'en savait pas grand-chose bien qu'ayant vécu là toute sa vie.

« Demande-lui si nous pouvons y entrer, alors », dit Nick. Claudine transmit la requête.

« Elle dit que c'est toujours plein de grains et de matériel agricole », traduit-elle, « mais nous pouvons y aller et regarder sans toucher à rien. » Les enfants posèrent leurs vélos contre un grand arbre dans la cour. Jane leva les yeux vers les branches.

« Des framboises poussant sur un arbre ! » s'exclama-t-elle. « C'est un miracle ! »

« Il y en a par terre aussi », dit Nick, « on marche dessus. »

« Non, ce ne sont pas des framboises », dit Claudine, « mais on peut en manger avec du sucre et de la crème, et en Chine, les petits vers mangent ses feuilles et font de la soie. »

« Des vers à soie ? Alors c'est un mûrier. Je sais qu'ils vivent sur les feuilles de mûrier. » Jane, tout de suite intéressée, choisit quelques fruits pas trop sales ou écrasés mais elle les trouva bien aigres. « Maintenant, je comprends pourquoi les gens préfèrent les framboises », dit-elle.

Tous les quatre poussèrent un vieux portail et se trouvèrent dans la tour. En effet, le sol était couvert de machines agricoles : tracteurs, charrues et herses. En haut de l'escalier il y avait des montagnes de grains dorés.

« Quel dommage », dit Jane écœurée, « si j'avais un aussi merveilleux château, je le garnirais de beaux meubles et de tapisseries. »

« Je donnerais des fêtes et inviterais tous mes amis. » dit Pierre.

Nick dit qu'il le garderait secret et n'inviterait que quelques personnes choisies qui seraient émerveillées quand il donnerait des flots de lumière et offrirait un splendide festin au milieu du matériel agricole. Claudine était en train de projeter d'y faire une ferme musée avec des volailles traditionnelles et des animaux familiers pour les visiteurs quand elle fut arrêtée par une trappe ronde en bois avec un anneau rouillé.

« Qu'est-ce que c'est ? » demanda-t-elle, et Nick immédiatement tira fort sur l'anneau.

« On nous a dit de ne toucher à rien », reprocha-t-elle, mais déjà Nick avait réussi à soulever le couvercle de la trappe qui se tenait debout contre le rebord de pierre. Ils jetèrent un coup d'œil dans les sombres profondeurs sans pouvoir déceler grand-chose.

« Nous aurions dû apporter une torche », dit Jane.

« De toutes façons on ne peut pas descendre », dit Claudine, « il n'y a ni échelle, ni marches. »

« Alors, ce sont des oubliettes », dit Nick. « Les gens y jetaient leurs ennemis jadis. »

« Oui, puis ils s'en allaient et n'y pensaient plus. C'est pourquoi on les appelait 'les oubliettes' ».

« C'est affreux », dit Jane en frissonnant. « Ils pouvaient se briser les jambes quand on les jetait là-dedans. »

« Sans doute », dit Nick, « et ils tombaient sur les squelettes de ceux qu'on avait déjà jetés et abandonnés et qui étaient morts de faim. » Jane imagina ce qu'on pouvait ressentir dans ces affreux moments. Soudain, elle ne pensa plus qu'à sortir de là. C'était pire que la lanterne des morts de Périgueux.

Nick remit le couvercle en place, ils retrouvèrent leurs bicyclettes dans la cour. La vieille dame se tenait encore sur les marches et leur fit un signe d'adieu.

« Montons sur les coteaux d'en face », dit Jane, « pour trouver un coin au soleil avec une belle vue pour le pique-nique. » Ils la suivirent le long du sentier, puis tournèrent à gauche à un écriteau signalant 'Chabrelle'. Ce n'était qu'un tout petit hameau, mais ils y trouvèrent un chemin empierré où l'on pédalait plus facilement que sur le chemin de terre. La route montait doucement en tournant et en un petit quart d'heure ils parvinrent enfin au village appelé 'Brie'.

« C'est un fromage, comme le camembert, pas vrai ? » dit Nick.

« En effet », dit Claudine, « mais ces fromages sont faits en Normandie, et dans le Bassin parisien, plus au nord de la France. » La première maison du village avait un charmant balcon ombragé par un toit de tuile soutenu par un petit pilier.

« Je parie que cette colonne vient d'une église », dit Nick. Cependant, les enfants étaient frappés par la désolation des lieux.

« Je crois que c'est une ville fantôme », dit Pierre, « comme dans le Far West. » Ils descendirent à nouveau de leurs bicyclettes, bien que le sol fût plat, et explorèrent le village. Il était disposé en forme de boucle, comme la corde d'un pendu, avec des maisons, fermes ou granges abandonnées et tombant en ruines. Certaines avaient dû être très jolies, avec encore de beaux détails : pierres cintrées ou trous de pigeons et sculptures dans les murs, mais malgré tout, l'atmosphère était d'une tristesse accablante.

« Qu'est-ce qui a donc pu se passer ici ? » demanda Jane. « Peut-être un fléau qui a fait fuir tout le monde ? »

« Voici la première maison habitée », dit Claudine, « et aussi celle-là », ajouta-t-elle comme ils la contournaient et tombaient sur une vaste ferme flanquée d'une grange importante. Ils posèrent leurs vélos contre le mur et se mirent à explorer les alentours. Nick était passionné et prenait des tas de photos, étudiant les meilleurs angles de vue. Il regrettait de ne pas avoir avec lui de pellicules en noir et blanc. La monochromie aurait accentué la tristesse du lieu. Pierre pourchassait un papillon, et Claudine l'aidait. Jane errait de son côté, s'imprégnant de l'atmosphère avec une sorte de plaisir mélancolique et méditant sur les infortunes de cet étrange village, quand apparut un troupeau de moutons au bout du sentier, suivi de son berger et de son chien blanc aux poils bouclés. Le berger avait une veste en peau de mouton sans manches sur une chemise blanche, un vieux pantalon flottant, et des sandales qui semblaient faites à la maison. Une petite flûte en bois sortait de sa poche. Il avait un visage amical et Jane le trouva très jeune et pas du tout effrayant.

« Etes-vous la fille étrange ? » demanda-t-il, « celle que ma Dame rencontre dans sa tour ? »

« Etes-vous le berger d'Aliénor ? L'un de ses gens ? »

« Oui, elle me fait confiance, et elle m'a dit que je pouvais me fier à vous. Elle m'a dit que vous seriez ici. »

« Comment le savait-elle ? » s'étonna Jane, « je ne le savais pas moi-même. » Le berger ne répondit pas mais dit avec insistance :

« Il faut aller la voir. Vous devez lui dire qu'il y aura un grand rassemblement à la chapelle dans les bois à la pleine lune. Vous serez là quand la lune sera haute dans le ciel. Ce sera très dangereux. Il y a des espions partout. Soyez prudente. » Jane voulait en savoir davantage, mais déjà le berger avait tourné au coin du chemin et disparu avec son troupeau.

Lorsque les enfants se furent mis d'accord sur le bon endroit du pique-nique, au-dessus de Brie, avec une vue merveilleuse sur les vallées de tous côtés de la colline, ils se laissèrent tomber sur la couverture et burent sans plus attendre la moitié de la citronnade. Nick se réjouissait d'avoir pris en secret un supplément d'eau minérale. La nourriture disparut à toute allure, puis Nick fit une partie d'échecs avec Claudine qu'il battit, puis avec Pierre qui le battit, à sa grande surprise. Jane, pendant ce temps, lisait 'Le neveu du magicien', et réfléchissait à sa conversation avec le berger. Il ne lui vint que plus tard à l'esprit qu'elle ne pouvait pas parler français ! Pierre avait apporté une poche de bonbons et quand il n'en resta plus un seul, les enfants décidèrent qu'il était temps de rentrer.

Ils trouvèrent avec joie qu'il y avait une somptueuse descente jusqu'à Chapdeuil ; ils furent de retour à Pégrillou bien plus tôt qu'ils avaient pensé.

Colin ne tarda pas non plus à arriver, tandis qu'ils jouaient au Monopoly, et il les rejoignit pour le thé. Il était de bonne humeur car ses recherches à Montpellier avaient été fructueuses.

« J'ai une autre référence au sujet du reliquaire de saint Cybard », leur dit-il inopinément. « Apparemment le reliquaire fut enlevé de son abbaye à Angoulême en 1136, et mis en sûreté à l'abbaye de Brantôme » ; il promit d'y amener la famille la semaine suivante.

CHAPITRE XIII

Le concert

Comme ils arrivaient à l'église, Jane découvrit une grande masse de pierre blonde paraissant en très bon état. Elle était surprise de cet aspect ordinaire, si différent de ce qu'elle pensait, mais elle ne voyait pas très bien à cause de la foule qui affluait au contrôle des entrées. Bientôt le groupe fut assis, bien en face de l'autel, avec une très bonne vue sur l'estrade. La mère de Claudine s'assit à une extrémité du banc, avec Pierre à côté d'elle, puis Jane, suivie par Claudine. Gill était près de Claudine, avec Alan, Colin et Nick à l'autre bout du banc, qu'ils occupaient donc tous les huit entièrement.

Jane regarda autour d'elle l'intérieur de l'église. C'était un curieux mélange d'architecture religieuse et de théâtre moderne. Claudine expliqua qu'elle ne servait plus pour les offices, seulement pour les concerts, mais que les parties les plus anciennes avaient fait partie de la chapelle attachée à l'ancien château de Ribérac.

« C'est là qu'est né Arnaut Daniel », intervint Pierre, qui avait compris ce que disait sa sœur, « dans le château même. »

« Pouvons-nous voir le château ? » demanda Jane, mais Pierre répondit sur un ton de regret qu'il n'en restait pas la moindre trace.

« Mais il y a ces pierres », ajouta-t-il, « Arnaut et nous regardons les mêmes pierres. » Cette pensée fit vibrer Jane. En attendant le concert, les enfants regardaient le programme qu'on leur avait donné. Il y avait quatre musiciens : un chanteur, un joueur de luth, un autre de flûte et de chalémie (« qu'est ce que c'est ? » demanda Jane, en désignant ce mot étrange, mais personne ne le savait)* et le quatrième, un autre instrument à nom bizarre : une 'vielle à roue'.

« Un alto avec une roue », suggéra Claudine, sans trop y croire.

« Et les jongleurs », demanda Jane, « on ne les mentionne pas. » L'explication était assez décevante :

« Ils ne lancent pas des oranges pour les rattraper », dit la mère de Claudine, « c'est un vieux mot pour 'joueurs'. Cela veut dire qu'ils sont capables de jouer sur toutes sortes d'instruments. Ici, ce sont les mêmes qui sont les joueurs et les troubadours. »

Maintenant, le silence se fit, suivi d'applaudissements enthousiastes quand apparurent les quatre joueurs. Pour Jane, ils avaient l'air de maîtres d'école, avec des visages jeunes et des cheveux bouclés grisonnants. Ils portaient tous des pantalons noirs assez amples ; le chanteur, ses partitions en main, avait une petite moustache, et un visage aimable bien qu'assez mélancolique. Les trois autres étaient en chemise blanche plutôt vieux jeu, sans col mais joliment brodée. Ils portaient une grande variété d'instruments de bois, dont Jane connaissait certains. Le joueur de luth paraissait le plus digne – presque hautain – tandis que le plus petit joueur, avec une face ronde toute plissée de sourires et une joyeuse lueur dans les yeux, portait une flûte à bec en bois et une sorte de trompette

(*Note de l'éditeur : c'est l'ancêtre direct du hautbois.)

toute droite, en bois aussi. Il avait un gilet chamarré, et Jane pensa qu'il lui adressait un sourire tandis qu'il saluait en s'inclinant avant de s'asseoir. Le dernier portait la *vielle à roue* qui tenait un peu de l'orgue de Barbarie. Elle était aussi grande qu'un bébé et il en prenait grand soin. Elle avait des cordes et une roue qui fonctionnait avec une manivelle, et quand il commença à en jouer, les enfants entendirent un son plaintif au-dessous du raclement et du bourdonnement.

« Est-ce qu'il y a une cornemuse dans cette machine ? » murmura Jane. Les trois musiciens jouèrent le premier morceau intitulé 'Estampie'. « Ce doit être une sorte de bourrée », se dit Jane ; elle avait très envie de danser. Elle imaginait les gens de la campagne, autrefois, dans leurs habits du dimanche, rythmant la musique tous ensemble, face à face, mais sans se toucher, sinon en posant les mains sur les épaules de leur vis-à-vis, en martelant le sol avec leurs pieds.

Parfois on entendait la flûte haute au-dessus de la vielle, parfois le luth jouait un thème dominant, mais le plus souvent la vielle s'imposait, insistante avec son bourdonnement qui couvrait les petits instruments plus gracieux.

Puis le joueur de luth pinça son instrument avec une plume d'oie pour une délicate mélodie, la tête inclinée sur la courbe élégante de son instrument, et Jane se mit à espérer qu'un jour elle serait capable d'en jouer. Elle en aimait la forme, et admirait les découpures du bois sous les cordes. Cela lui faisait penser à la rosace d'une cathédrale. Après une courte introduction le chanteur se leva doucement et se prépara à joindre sa voix. Il semblait emplir d'air ses poumons et arrondit sa bouche en O.

Quand il se sentit prêt, il commença très doucement, comme si, lui aussi, était un instrument de musique ; mais bientôt le chant s'amplifia et devint passionné. La main sur le cœur, et les bras au ciel, il chantait, inspiré, et ses chants étaient si chargés d'émotion qu'il semblait au bord des larmes. 'Larmoyant' se dit Jane, en se demandant d'où venait ce mot étrange.

Jane ne pouvait comprendre les paroles de ce chant, dont le son lui rappelait un peu l'espagnol, mais elle comprenait que c'était un chant d'amour, si émouvant et si triste qu'elle aussi avait une forte envie de pleurer.

« Le chanteur doit avoir perdu celle qu'il aimait », pensa-t-elle, « peut-être sa Dame est-elle morte ou mariée à un autre, ou bien elle le regarde de haut. » Tour à tour, les musiciens jouaient ensemble leurs morceaux instrumentaux ou le chanteur, accompagné par l'un d'eux ou plus, chantait ses airs joyeux ou tristes, pensifs ou comiques. La plupart des chants étaient dans ce que Jane pensait encore être de l'espagnol, mais parfois le chanteur traduisait en français, sur un ton théâtral, comme un acteur. Parfois la musique évoquait l'Orient et lui faisait penser aux Maures d'Andalousie – comme elle en avait vus dans un film télévisé – ou bien à la Turquie ou à la Perse, mais toujours, elle était étrange, sauvage et romantique à son oreille, et elle aurait voulu en savoir plus, comprendre les raisons de ces associations d'idées.

Durant l'entracte, la moitié de l'auditoire sortit se dégourdir les jambes, mais le groupe de Chapdeuil resta discuter de la musique. Jane posait beaucoup de questions auxquelles les autres répondaient comme ils pouvaient, surtout en étudiant le programme, incompréhensible pour Jane.

« Est-ce qu'il chante en espagnol ? »

« Non, c'est de l'occitan », expliqua Colin. Il traduisit, en hésitant un peu :

« La langue des troubadours était connue comme 'Lenga Lemosina' (la langue du Limousin) d'où elle est née vers le onzième siècle. En moins d'un siècle, l'art des troubadours gagna d'abord toute l'Aquitaine, puis s'étendit jusqu'aux royaumes d'Espagne et du Portugal, au nord de la France, à l'Italie et au Saint-Empire. L'inspiration de ce mouvement littéraire et musical puisait ses racines dans l'épanouissement de la sculpture et de l'architecture romanes rapportées du Proche-Orient par les croisés et leurs suites. »

Jane ne comprenait pas tout, mais son cœur battait plus vite au son de ces beaux noms, et à la pensée de ces hauts faits de la chevalerie dans des lieux si lointains et des temps si reculés.

« Comment les gens peuvent-ils comprendre l'occitan ? » demanda-t-elle, mais Madame Legrand lui expliqua que cette langue présentait beaucoup d'intérêt. On pouvait l'étudier à des cours du soir, il y avait même des journaux et une station de radio pour encourager son usage.

« Ce doit être comme de faire revivre la langue galloise en Angleterre », commenta Alan.

« La seconde partie du programme comprend des chants de votre Arnaut Daniel », dit Colin à Pierre, et, pour Nick et Jane, il traduisit encore quelques passages du programme.

« On ne connaît pas grand-chose sur Arnaut Daniel, mais il

est cité par Dante et Petrarque, qui le reconnaissaient comme leur maître. Le Tasse lui attribue un livre sur Lancelot, et Nostradamus le mentionne. Issu d'une famille de petite noblesse, il est né au château de Ribérac au douzième siècle, et écrivit un grande nombre de poèmes et de chansons dont il ne reste que dix-huit, et seulement deux avec musique.

Un contemporain a écrit qu'Arnaut se ruina en jouant aux dés et allait deci-delà pauvrement vêtu, et sans un sou. Pourtant, Arnaut écrivit qu'il avait assisté au couronnement de Philippe Auguste, roi de France et beau-frère de Richard Cœur-de-Lion, en mai 1180. On croit qu'il a participé à un concours de poésie organisé par Richard, alors Duc d'Aquitaine, à sa Cour à Poitiers. On pense aussi qu'il a eu des contacts avec les cours royales en Aragon, en Galicie, et en Italie du nord. »

« Ah, c'est bien intéressant », dit Pierre avec un clin d'œil à Jane, ce qui provoqua quelques sourires chez les siens.

« Vers la fin de sa vie, Arnaut Daniel envoya un appel au secours sous la forme d'un beau poème aux rois de France et d'Angleterre, aussi bien qu'à d'autres princes, et reçut de tous des dons généreux, après quoi il se fit moine. »

« Je crois que ça serait comme se retirer dans une maison de retraite », dit Gill, et à ce moment ils s'aperçurent que le concert reprenait.

Jane fut particulièrement intéressée par les chansons d'Arnaut Daniel au début de la deuxième partie, car elle se sentait profondément dans le pays du poète. Tandis que le chanteur déversait son cœur dans des notes toujours plus passionnées et plaintives, accompagné par le luth, la flûte ou la chalémie, elle regardait autour d'elle les pierres, se rappelant les paroles de Pierre, et n'était pas loin de penser que c'était Arnaut lui-même qui chantait.

Puis, il se tut et se rassit, et les musiciens prirent sa suite. Il se faisait tard, chacun sentait la fatigue. Pierre s'agitait sans cesse, mais la musique ne tarda pas à le calmer et il s'assoupit contre l'épaule de sa mère. Les yeux d'Alan étaient fermés, et Jane se demanda si lui aussi s'endormait. Comme la musique devenait de plus en plus étrange, Gill murmura dans l'oreille de Jane :

« On dirait du turc » ; c'était aussi l'avis de Jane. Enfin, les musiciens se calmèrent, et jouèrent de façon plus douce et même endormante ; Jane rêvait de son berger rassemblant son troupeau pour la nuit au son de la chalémie.

Elle imaginait qu'ils étaient blottis autour des tisons d'un petit feu entouré de pierres, sur la colline. Le berger s'envelopperait de sa vieille peau de mouton pour se préserver du froid. Il jouerait de la flûte au lever des étoiles pour faire éloigner les loups et pour ne pas se sentir seul. Tout autour s'élèveraient dans la brume des spectres bienveillants, attirés par sa musique, dans l'espoir de revivre encore un moment avant que l'aurore ne les renvoie à leur nuit éternelle.

Jane se réveilla en sursaut pour s'apercevoir que le concert était fini, les musiciens saluaient sous des applaudissements frénétiques, battements de mains lents et énergiques - un peu violents pour des oreilles anglaises - mais qui en France signifiaient l'enthousiasme. Jane s'y mit, claquant des mains en mesure avec les autres, quelques-uns debout, applaudissant au-dessus de leurs têtes

en criant leur admiration. Jane n'avait rien vu de tel !
Enfin, tout prit fin et l'église se vida lentement dans la
nuit.

« Les premiers seront les derniers », commenta Nick
en s'étirant les jambes comme ils gagnaient la sortie.
Dehors, la nuit étant douce et étoilée, les amis regardèrent
le ciel un moment, repérant les constellations qu'ils
connaissaient, 'la grande ourse' que Pierre appelait 'le
chariot', et l'étoile polaire. Jane cherchait le 'bouclier
d'Orion' avec ses trois étoiles et son chien, Sirius, mais
Claudine savait que c'était encore trop tôt. Puis ils
essayèrent de trouver un nom d'étoile pour chaque lettre de
l'alphabet : Aldébaran, Bételgeuse, Cassiopée, le Dragon,
mais là, il furent à court et Colin dit qu'il était temps de
rentrer à la maison.

Comme ils arrivaient à leurs voitures, la lune se levait
au-dessus du cimetière derrière le mur. Les cyprès noirs
s'élançaient sur le bleu sombre du ciel et la pierre blanche
des tombes brillait sous le clair de lune. A l'horizon, le ciel
était plus pâle, d'une délicieuse couleur translucide de
turquoise.

« J'aurais aimé vous voir peindre cela », dit Jane à son
beau-père qui leva les yeux, plutôt flatté, mais dit qu'il
faudrait de la peinture à l'huile pour rendre ces couleurs.
Puis, ils firent leurs adieux aux Legrand et roulèrent dans
les bois sombres, parfois troués d'un rayon de lune.

Jane n'avait pas conscience de l'heure, la tête encore
emplie de musique et de poèmes. Ils s'arrêtèrent un
moment devant la maison pour jouir de la paix de la nuit,
seulement ponctuée de l'incessant murmure des insectes, du

crissement des cigales, parfois de l'appel d'un oiseau nocturne. Ils goûtaient le bon air, doux et plein des senteurs d'herbe coupée et de viandes grillées au barbecue. Puis ils se souhaitèrent une bonne nuit et Jane, trop fatiguée pour faire la moindre toilette, s'endormit sur-le-champ.

CHAPITRE XIV

Brantôme

Le déjeuner dominical chez les Legrand avait été un succès. Le temps était agréable mais pas trop chaud pour se tenir dans le patio. La grande table était couverte d'une jolie nappe fleurie avec des serviettes assorties. Les assiettes étaient bleu ciel, et les manches des couverts jaunes. Gill s'exclama :

« *Que c'est charmant* ! » et elle pensa s'en inspirer pour sa maison. Monsieur Legrand offrit un verre à chacun. Tout était prêt sur un plateau : une boisson fraîche, rose - vin blanc et crème de cassis - qu'il appela Kir. Nick murmura qu'il le trouvait un peu doux, mais Jane le jugea délicieux. Il y avait aussi de grosses olives moelleuses et des petits canapés de saumon fumé.

Claudine dit qu'il était temps d'aller nager, et les enfants se rafraîchirent dans la piscine tandis que les grandes personnes prenaient le frais à l'ombre avec leurs verres. Quand tous furent prêts à déjeuner, Madame Legrand apporta une salade verte et craquante qu'elle annonça « *salade composée* » car elle comportait un tas de choses. Nick demanda ce qu'étaient les petits morceaux de viande foncée.

« Des *gésiers* », dit Monsieur Legrand.

« Gizzards ! » traduisit Claudine. Nick n'était pas plus avancé et son père lui expliqua qu'il s'agissait de morceaux d'estomac de poulets et d'autres abats qu'on ne mange pas en Angleterre mais qu'on utilise couramment en France, spécialement en Périgord. Mais de toutes façons Nick et

Jane ne purent se résoudre à en goûter. Le plat suivant était un délicieux gigot, si peu cuit que la viande était encore rosée, parfumée à l'ail et au romarin, et très tendre. Il était accompagné de toutes petites pommes de terre nouvelles sautées à l'huile d'olive, mais pas de légumes verts, ce qui surprit un peu les petits Anglais. Jane aida Claudine à enlever les plats, mais pas les assiettes ni les couverts, car ils allaient servir pour le plat suivant : des haricots verts très fins, avec du beurre et du poivre noir, et encore du pain.

« Pourquoi ne les avons-nous pas mangés avec la viande ? » demanda Nick à mi-voix, mais Colin l'arrêta sèchement en lui faisant remarquer que c'était ainsi en France.

Puis Claudine apporta du fromage, et enfin tout fut desservi, excepté les verres et les cuillers à dessert, qui servaient pour le gâteau : une savoureuse tarte aux fraises faite à la maison.

Après le repas, Monsieur Legrand proposa de prendre le café au salon et de regarder la télévision. Il dit qu'il était relié à plusieurs satellites, chacun pouvant capter des émissions de nombreuses parties du monde. Il zappait d'un pays à l'autre, saisissant des bribes d'anglais, de français, d'une demi-douzaine de langues européennes, et même des programmes du Moyen-Orient et d'Afrique du nord. Ce qui surprit le plus les invités était la perfection de l'image et du son. Colin traduisait les explications de Monsieur Legrand. Il disait que le grand disque satellite sur son toit recevait des programmes de télévision et de radio comme signaux qui étaient démodulés par le récepteur posé sur la bibliothèque.

« Pouvons-nous en avoir un ? » demanda Jane, mais Alan dit que cela coûtait une fortune. Puis Monsieur Legrand leur montra son Minitel. C'était un petit terminal avec un écran, posé près du téléphone, qui donnait accès aux bases de données de France Télécom. Il leur montra comment s'en servir comme annuaire téléphonique pour toute la France avec le minimum d'informations.

« Cela pourrait aussi servir à trouver les adresses de nos amis », dit Gill. Ce n'était qu'un début. On pouvait avoir des prévisions météorologiques plusieurs fois par jour, on pouvait recevoir toutes sortes de renseignements sur ce qui se passait. Madame Legrand leur montra une sorte de carte de crédit, et la fente où on la mettait sur le côté de l'appareil ; on pouvait ainsi retenir des billets de voyage, de théâtre ou autre chose et les payer grâce au Minitel.

« Vous pouvez aussi faire vos achats », dit-elle avec entrain, « et vous les recevez par la poste. » Monsieur Legrand dit qu'il n'était pas tellement d'accord pour ce dernier avantage ; gare aux notes !

Le lendemain, ils partirent pour Brantôme. Ils prirent la route de Périgueux, qu'ils quittèrent bientôt en direction de Bourdeilles, un village qu'ils aimeraient, dit Colin.

« Pas d'autre église romane ! » gémit Nick.

« Non, mais un château et une vue superbe. » Ils traversèrent la Dronne sur un beau petit pont d'où ils voyaient le château et son donjon surplombant de haut la rivière. Ils prirent la rue du village, joyeuse avec les géraniums rouges aux fenêtres, passèrent devant l'entrée du château et une petite église sans intérêt, et s'arrêtèrent sur une place ombragée dominant le village. Ils marchèrent jusqu'au belvédère d'où la vue sur les toits de tuile, le

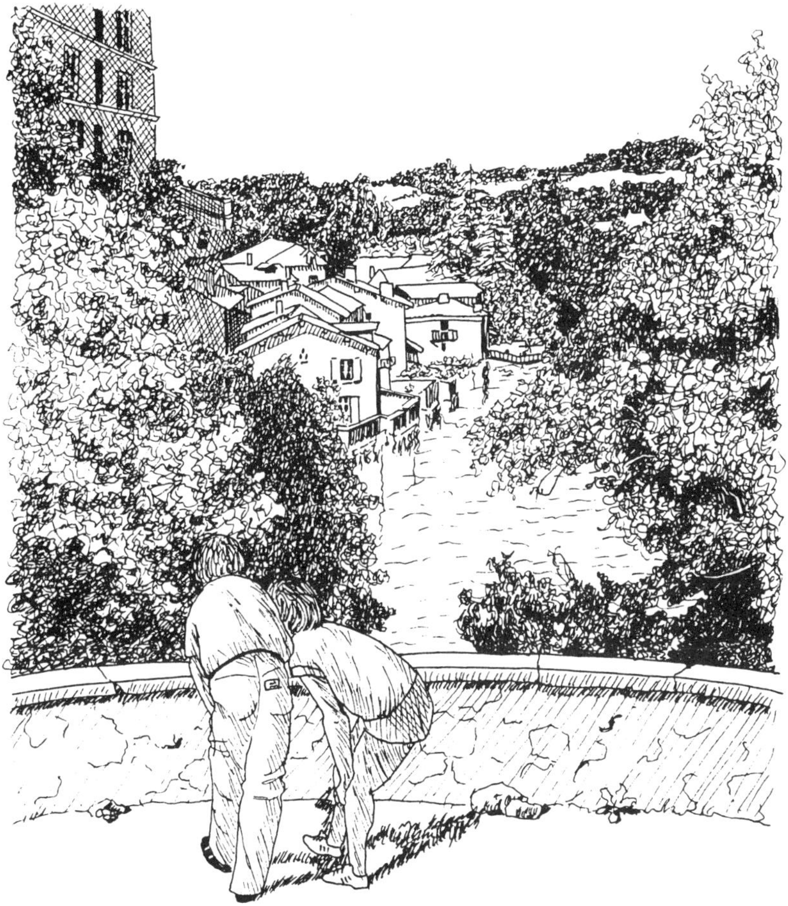

château et la rivière tout en bas était somptueuse. L'eau était claire mais d'un vert sombre, en partie recouverte de nénuphars, d'une fraîcheur attirante par la chaleur. Nick et Alan prirent des photos, puis ils descendirent jusqu'au château.

Il y avait un peu d'attente car ils devaient se joindre à un groupe, mais finalement le guide les réunit et les conduisit dans le château. Il parlait en français, et les enfants ne saisissaient que quelques mots çà et là, mais ils admiraient l'armure et les différents trésors exposés. Colin leur dit qu'il était rare de voir un château avec tant de meubles, car la plupart avaient été pillés à la Révolution ; les antiquités de ce château n'étaient pas d'origine mais avaient été réunies par des collectionneurs éclairés. Les enfants aimaient par-dessus tout le vieux donjon dont ils grimpaient toujours plus haut l'escalier en admirant la vue. Jane espérait et redoutait à la fois d'avoir en ce lieu une de ses mystérieuses expériences que les tours semblaient favoriser, mais rien ne se produisit.

Gill avait apporté un pique-nique et promis des glaces à Brantôme pour le goûter, et chacun avait un bel appétit en parvenant à l'endroit idéal sous un énorme rocher près de la rivière nommée '*Rocher de la forge du Diable*', comme Colin le lut sur la carte. Puis ils gagnèrent Brantôme par une route étroite entre les rochers et la rivière. A droite, était un beau moulin transformé en hôtel de luxe, et un peu plus loin sur la gauche, de l'autre côté, se dressait, presque dans la falaise, une importante abbaye et son église, flanquée d'un cloître.

Alan parqua sa voiture avec d'autres le long de la rivière ; ils se penchèrent sur le parapet pour regarder l'eau.

Des canards colvert cancanaient en se pourchassant. Un pont conduisait à une sorte d'île, animée de boutiques et de cafés.

« Brantôme est réellement une île », dit Colin. « La rivière l'entoure ; on l'appelle 'la Venise du Périgord'. » Le petit groupe le suivit dans l'église de l'abbaye, puis dans l'abbaye même. Alan prit des billets pour une 'visite troglodyte', à travers les grottes creusées dans la roche. Ils s'arrêtèrent pour lire les notices affichées sur les murs, les adultes en traduisant certaines pour Nick et Jane. Il en ressortait que les grottes avaient été habitées aux temps préhistoriques, mais la plus remarquable appelée 'Grotte du jugement dernier' était décorée de personnages gravés dans la pierre, assez mystérieux.

« Personne ne sait à quand remontent les plus anciennes sculptures », interpréta Gill.

« Est-ce que cet affreux vieil homme est supposé être Dieu ? » demanda Jane.

« On dirait plutôt un vieux dieu païen », suggéra Nick. Ils commençaient à avoir la chair de poule mais après une dernière exploration, ils tombèrent sur une vaste grotte que Jane trouva assez curieuse. Elle était pleine de tuyauteries et de machines installées sur des douzaines de cuves alignées. Alan pensait qu'il devait s'agir d'appareils à purifier l'eau mais Nick affirmait que c'était un laboratoire d'embaumement.

« On étend les cadavres dans les cuves et on les recouvre d'un liquide embaumant. Puis on retire tous les viscères que l'on met dans des récipients scellés. C'est ainsi que faisaient les Egyptiens pour transformer leurs morts en momies. »

« Où as-tu appris ça ? » demanda Colin. Nick dit qu'il avait visité le British Museum. Jane ne se sentait pas bien et Gill la rassura ; c'était sûrement Alan qui avait la bonne idée.

« Pouvons-nous aller boire, maintenant ? » demanda Nick qui avait toujours soif.

« Tout de suite », dit son père, mais d'abord nous monterons en haut du clocher qui est le plus ancien de France. »

« Comment savez-vous tant de choses ? » demanda Jane.

Le professeur se tapota le nez, comme tombé de la lune, et montra son livre :

« Le guide vert Michelin », dit-il.

Jane y jeta un coup d'œil, mais le voyant écrit en français, elle le passa à sa mère qui en traduisit quelques passages :

« 'Fondé par Charlemagne en 729, il fut détruit par les Normands et reconstruit au onzième siècle. Le clocher se dresse sur un rocher escarpé de 12 mètres de hauteur au-dessus de vastes souterrains.' (Oui, nous savons tout cela.) 'Son toit est en pierres, ses quatre étages de forme conique'. »

« Tu pourrais être guide », dit Alan, « j'admire ! »

Gill rendit le livre à Colin et tous le suivirent en montant d'interminables escaliers, s'arrêtant de temps à autre pour jouir de la vue sur la ville.

Un groupe guidé descendait tandis qu'ils approchaient du dernier étage, et chacun s'aplatissait contre le mur pour leur céder le passage. Jane les entendait parler dans ce qu'elle pensait être de l'espagnol, et se demandait si Aliénor et sa Cour avaient ces mêmes intonations quand ils dévalaient de leurs beaux châteaux pour aller chasser ou pique-niquer dans les bois. Ils étaient nombreux - une bonne trentaine - et leur marche semblait sans fin.

Il y avait peu de lumière dans le clocher, mais des rayons obliques, animés de poussières dansantes, éclairèrent quelques visages. Aliénor fit à Jane un sourire particulier, suivie de près par son fidèle troubadour. Jane le saisit par sa manche de velours et l'attira dans un recoin obscur.

« Arnaut », murmura rapidement Jane, « j'ai un message pour vous du bon berger de Brie. Vous devez le transmettre à Aliénor. Il y aura un grand rassemblement à la Chapelle dans les Bois dès la pleine lune. Nous devons tous nous y trouver quand la lune sera haute dans le ciel. » Arnaut lui serra la main et répondit doucement :

« Nous vous retrouverons là-bas. Merci. »

« Nous ne boirons jamais si tu continues à dormir », dit ensuite Nick à voix haute et Jane sentit sa main tirée avec impatience tandis qu'il l'entraînait vers la dernière volée de marches. Jane ouvrit les yeux et grimpa péniblement tandis que s'effaçait la vision provoquée par les intonations espagnoles.

« Suis-je un disque satellite ou un récepteur ? » se demanda Jane comme ils arrivaient aux cloches, « puis-je recueillir des transmissions des temps lointains et interpréter les signaux ? »

« Si les cloches commençaient à sonner maintenant », observa gaiement Nick, « nous mourrions tous. Le choc des ondes emplirait l'espace et ferait éclater nos tympans. »

« Charmant ! » dit Gill. « Allons-nous rafraîchir. »

« Je veux une glace », dit Jane en dévalant l'escalier avec Nick, « allons à ce joli endroit sur l'île. On peut le voir d'ici », ajouta-t-elle en passant devant une embrasure de fenêtre. « Retrouvons le soleil, je suis gelée ! »

CHAPITRE XV

Pleine lune

Jane, observant la lune montante, était de plus en plus nerveuse. Elle avait consulté son calendrier et savait qu'elle serait pleine le soir même. Gill remarquait l'agitation de sa fille et lui demanda plus d'une fois si elle se sentait bien.

« Tu ne couves pas quelque chose ? » demanda-t-elle, soupçonneuse, en regardant Jane chipotant dans son assiette. Jane était déchirée entre le désir de partager avec sa mère ses craintes et ses chimères et la certitude qu'elles seraient encore écartées comme des produits de son imagination. Et puis s'ajoutait la crainte de trahir Aliénor. Supposons que des espions écoutent par la fenêtre et se tiennent embusqués en les attendant dans les bois ? Jane se sentait terriblement seule avec son secret, et coupable en répondant évasivement :

« Tout va bien, Maman. Je n'ai pas très faim. Je crois que c'est la chaleur. »

Elle était contente quand sa mère lui suggéra d'aller se reposer, loin des regards inquisiteurs de Nick. Elle ne pouvait s'empêcher de penser qu'il subodorait quelque chose. Pire encore, ne l'espionnait-il pas ? Jane essaya de refouler cette horrible idée, mais elle était décidément mal à l'aise.

Il faisait frais et sombre dans la petite chambre, et Jane s'étendit sur son lit, les yeux fermés ; une grande mouche bleue bourdonnait contre la vitre. Elle essaya d'imaginer ce qui se passerait cette nuit, et si elle sortirait vraiment dans le noir et trouverait son chemin pour se rendre à la chapelle. Cette pensée l'effraya tellement qu'elle essaya d'envisager ce qui arriverait si elle n'agissait pas. Supposons qu'elle se pelotonne sous ses draps et se mette la tête sous l'oreiller, tout se dissiperait-il ? Est-ce que les gens du passé la laisseraient tranquille ? Avait-elle vraiment un rôle à jouer dans leurs affaires ? Puis elle se souvint des yeux brillants d'Aliénor et de son joyeux sourire et pensa qu'elle n'avait jamais eu une telle amie. Elle imagina le beau visage allongé d'Arnaut Daniel, une masse de cheveux brillants tombant sur le front, et revit presque le berger de Brie marchant vers elle sur la route poussiéreuse, solide et hâlé, avec son chien blanc frisé. Soudain Jane sentit combien précieux étaient ces souvenirs : elle avait promis son aide ; et sa fidélité à leur cause valait bien des sacrifices.

Jane dormit jusqu'au goûter et sa mère lui apporta un verre de citronnade. Elle lui toucha légèrement le front.
« Tu me sembles un peu fiévreuse », dit-elle. « Je vais te chercher de l'aspirine. » Soulagée, Jane somnola quelques heures. Gill entra la voir plusieurs fois au cours de la soirée et lui demanda si elle voulait manger quelque chose mais n'obtint que quelques mots murmurés :
« Non, merci, Maman, ça va passer en dormant », et enfin, tout le monde à la maison alla aussi se coucher. Au milieu de la nuit, Jane entendit une petite tape au carreau. Elle s'assit, bien éveillée et assez calme : elle était sûre que c'était le berger qui venait la chercher. Jane se leva et regarda dehors. A coup sûr, le jeune homme lui faisait signe, le doigt sur les lèvres. Une forme blanche duveteuse se pressait contre la vitre : c'était son chien.

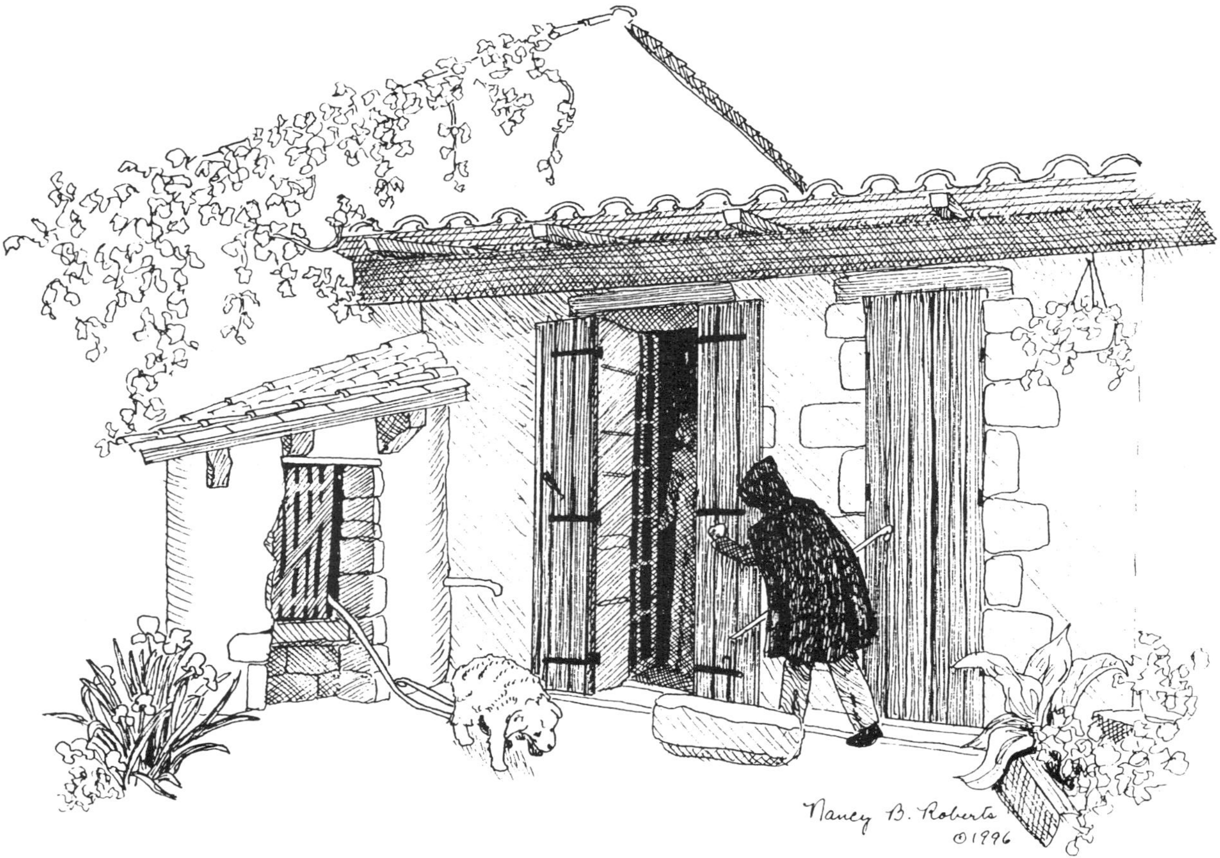
Nancy B. Roberts
©1996

Jane mit son blouson sur sa chemise de nuit et enfila ses tongs. Le blouson et les tongs étaient bleu ciel, et sa chemise d'un genre ancien, blanche avec des dentelles, venait de Marks & Spencer, et Jane se sentait jolie ainsi vêtue. Elle était étrangement sereine en ouvrant la porte, et prête pour l'aventure.

« Comment t'appelles-tu ? » demanda-t-elle au berger, « et ton chien ? »

« Je suis Guilhem », répondit-il. « Ma chienne est Noupie ; c'est mon amie. Elle n'aboie jamais mais elle est très courageuse et défend mon troupeau même contre les loups. »

« Y a-t-il des loups dans les bois ? » demanda Jane, à nouveau effrayée.

« Mais oui », dit Guilhem avec un sourire entendu, « des animaux et des humains, mais n'aie pas peur : Noupie et moi te protégerons. Si tu as peur, appelle-la par son nom, et elle sera à tes côtés. »

Jane caressa la grosse chienne qui frotta son museau contre elle en retour. Puis elle rassembla son courage et suivit Guilhem dans les bois.

La lune grimpait haut dans le ciel, au-dessus de la cime des arbres alignés comme un feston noir contre l'indigo de la nuit. Parfois des bandes nuageuses rendaient la lune invisible mais bientôt elle apparaissait de nouveau, brillant d'un éclat magique. Les bois n'avaient pas l'air menaçant tandis qu'ils empruntaient les sentiers crayeux qui étincelaient comme de l'eau vive dans le clair de lune. Jane nageait dans le bonheur en marchant sur les pas de Guilhem, la main sur l'épaule de Noupie. Elle se rappelait une chanson française que sa mère avait enregistrée :

*'La lune blanche luit dans les bois
De chaque branche part une voix
Sous la ramée : oh, bien aimée !'*
Elle l'entendait nettement dans sa tête et aurait aimé oser la chanter tout haut. Comme s'il lisait dans ses pensées, Guilhem tourna soudain la tête vers elle et dit à voix basse :

« Bientôt nous les entendrons chanter dans la clairière et nous chanterons avec eux. » Ils continuèrent un ou deux kilomètres sans voir âme qui vive. Guilhem semblait familier des sinuosités du chemin et n'hésitait jamais aux croisements. Jane entendit de loin une multitude de voix chantant doucement des airs qu'elle se souvenait avoir entendus au concert. Cela semblait aussi très loin dans le temps. A mesure qu'ils se rapprochaient, les voix s'amplifiaient ; soudain ils débouchèrent sur la clairière où se tenait la vieille chapelle, et Jane vit une foule immense rassemblée sur les lieux.

Les arbres formaient un cercle protecteur autour de l'assistance ; de hauts arbres droits aux troncs couverts de lierre, comme des piliers d'église, tandis que leur couronnement de feuillages évoquait pour Jane la voûte d'une cathédrale verte.

« Il doit y avoir des centaines de gens ! » s'exclama-t-elle, et Guilhem dit qu'il y avait beaucoup de bons chrétiens, tous voulant participer. Près de l'autel central se tenait Aliénor, majestueusement assise sur une grande chaise de bois recouverte d'un manteau écarlate, à la manière d'un trône.

Aliénor portait une jaquette bleue brodée d'or sur sa cotte blanche que Jane comparait plutôt à une chemise de nuit, un bandeau d'or sur ses boucles blondes. Arnaut

Daniel se tenait à ses côtés. Le maire de Chapdeuil était là, et le boulanger et sa femme, et la dame en chapeau de paille. Elle crut apercevoir les Legrand. Puis apparut l'ermite, sortant lentement de la chapelle, accompagné par un confrère.

« Ce sont les Bons Hommes », lui dit Guilhem.

« Les Bons Hommes ? » répéta Jane qui pensa 'le bon ermite vit dans les bois' comme elle avait pensé en le voyant la première fois. Les Bons Hommes portaient chacun quelque chose devant eux : l'ermite une simple croix en bois et son compagnon, vêtu comme lui, avait un plateau en bois avec dessus un objet couvert d'un tissu bleu.

« Je me demande ce qu'il y a là-dessous ? » dit Jane, mais Guilhem lui fit signe de se taire, car le Bon Homme allait parler. Le silence se fit dans la clairière quand il se dressa derrière le petit autel – une simple pierre blanche sur un petit tertre gazonné – et prit la parole.

Il dit qu'ils étaient en grand danger et que ceux qui ne se sentaient pas prêts à l'affronter pouvaient partir maintenant, mais personne ne bougea. Puis il dit que l'église n'était plus fidèle à ses engagements : ses prêtres étaient devenus paresseux, cupides et corrompus. La plupart n'étaient plus là pour servir les gens, mais comptaient sur les pauvres pour être bien nourris et vêtus. C'est pourquoi ils devaient se séparer de cette église ; ils continueraient à se réunir en secret, auraient leurs propres offices dans les bois, comme les saints et les martyrs du temps des premiers chrétiens. S'ils étaient pris, ils seraient mis à la torture par l'Inquisition. Les soldats du Roi étaient prêts à les combattre, et les nobles Seigneurs du sud qui les protégeaient perdraient leurs châteaux et leurs terres.

Mais ils ne devaient pas perdre courage, dit-il, car ils renaîtraient et hériteraient du royaume qui n'était pas de ce monde. Ils devaient être comme des agneaux, doux et sans rancune. Ils ne combattraient pas, mais pourraient se cacher dans les endroits isolés hors de portée des méchants. Tandis qu'il parlait, Jane observait les visages autour d'elle, tous absorbés par l'ermite et soucieux de ne pas perdre un mot. Elle sentait combien ils étaient liés par une amitié mystique et désirait et redoutait à la fois d'être des leurs.

L'ermite se penchait en avant, les mains posées sur la pierre rugueuse de l'autel, la tête baissée sur la croix de bois. Quand il eut fini son sermon, il dit quelques simples prières et entraîna l'assistance dans un autre chœur. Puis, quand la lune fut à son zénith, le second Bon Homme ôta le tissu bleu qui recouvrait l'objet sur le plateau ; c'était un reliquaire qu'il éleva : un bel exemple d'orfèvrerie fait par un habile artisan : une main d'or incrustée de rubis, d'émeraudes et de perles, la paume ouverte dans un geste de bénédiction. L'or luisait et les pierreries étincelaient sous l'éclat de la lune, et la foule s'arrêta de chanter et fut bouche bée d'admiration. Puis, l'un après l'autre, ils entonnèrent des 'Alléluia', certains priaient saint Cybard, le saint martyr qui avait évangélisé leurs ancêtres et dont ils pensaient que la main reposait dans le reliquaire.

Aliénor se leva et s'approcha des Bons Hommes.

« Bons Pères », leur dit-elle avec respect, « j'ai agi selon votre désir et trouvé deux personnes simples et honnêtes à qui confier la mission. Ils emporteront la sainte relique et joindront la main au corps jusqu'à des temps plus cléments où des personnes de bonne volonté oseront la mettre de nouveau au jour. » Aliénor faisait face à la foule et ses yeux se fixèrent sur Jane. Avec un sourire encourageant, elle dit : « que le bon berger de Brie et la jeune fille Jeanne s'avancent ! »

Jane, surprise, regarda autour d'elle pour voir s'il n'y avait pas une autre jeune fille à qui aurait pu s'adresser cet ordre. Mais Guilhem la prit à la main et la conduisit vers l'autel, tous deux suivis de près par Noupie.

L'ermite remercia Jane avec un bon sourire, comme à une vieille amie, et semblait aussi connaître Guilhem. Il donna même une petite tape à Noupie. Puis il demanda à Guilhem à voix basse s'il savait quoi faire, et, se tournant vers les deux, leur demanda s'ils étaient prêts à garder la relique au péril de leurs vies. Chacun promit, et l'ermite les embrassa, remit le reliquaire sous sa housse, et le tendit à Guilhem. Puis il leur donna sa bénédiction et leur ordonna de partir tout de suite.

Avec un dernier regard vers Aliénor et l'assemblée des fidèles dans la clairière, Guilhem et Jane retournèrent sur leurs pas, Noupie sur leurs talons. Un moment ils entendirent les chants, mais les voix s'éteignirent petit à petit, tandis que la lune disparaissait derrière les nuages. La nuit était d'un noir d'encre et Jane se tenait à la ceinture de Guilhem comme ils marchaient l'un derrière l'autre, car le sentier était devenu très étroit.

« Où allons-nous ? » demanda Jane à voix basse.

Guilhem répondit tout bas qu'ils devaient se rendre là où saint Cybard était enterré, sous un pilier dans le Prieuré de Cercles, et enterrer le reliquaire avec le corps du saint. Un petit vent s'élevait d'on ne sait où, et, malgré son capuchon, Jane frissonnait un peu dans sa chemise de nuit. Ses nu-pieds n'étaient pas très confortables, et elle regrettait de ne pas avoir mis plutôt ses tennis. La forêt semblait moins amicale. Les chouettes hurlaient dans les arbres ; Jane crut entendre un cri angoissé et se demanda si c'était un loup. Les branches l'égratignaient au passage, elle sentit contre ses joues un horrible chatouillement et pensa avoir traversé une toile d'araignée. Elle détestait les araignées. Elle avançait en trébuchant et elle pensait à la tâche qui les attendait, se demandant s'il leur faudrait un levier pour soulever la pierre tombale de saint Cybard, si elle verrait son squelette et serait assez brave pour ne pas s'enfuir.

Soudain, Noupie, qui n'aboyait jamais, gronda sourdement ; Jane sentit ses bras saisis, et lâcha la ceinture de Guilhem.

« Au secours ! » cria-t-elle juste une fois, mais une main couvrit sa bouche, bientôt remplacée par un mouchoir ; on lui banda les yeux, ses pieds et ses mains furent liés, elle ne put ni parler ni marcher. C'était terrifiant d'être ainsi trimballée vers une destination inconnue comme un ballot de vêtements, et Jane avait envie de pleurer ; mais elle savait que cela ne servirait à rien, aussi s'obligea-t-elle à être courageuse, espérant que Guilhem et Noupie étaient libres et viendraient à son secours. Pendant ce qui lui sembla une éternité, elle fut transportée, d'abord sous le bras de quelqu'un comme un colis, puis dans une petite charrette juste assez grande pour la contenir. Elle entendait le grincement des roues sur le mauvais chemin, ainsi que le clip-clop des sabots.

Enfin, une voix fit « holà ! » et l'animal qui tirait la charrette s'arrêta en soufflant par les naseaux. Un portail grinça en s'ouvrant, puis claqua en se refermant, et Jane fut soulevée et transportée à nouveau.

CHAPITRE XVI

Les oubliettes

Quand Jane s'éveilla, elle se trouva assise sur une botte de paille dans le coin d'une petite pièce. Elle n'était plus bâillonnée, et ses yeux étaient libres, mais elle avait toujours les bras et les jambes liés et se sentait très angoissée. La pièce était nue et sombre. La seule lumière venait d'une petite ouverture en haut du mur. Même si elle avait pu bouger, elle n'aurait pas pu l'atteindre, et de toutes façons elle était fermée par de gros barreaux à pointes acérées.

Jane se demanda un instant si elle n'avait pas fait un mauvais rêve, mais elle entendit s'approcher des pas lourds, et la petite porte cloutée s'ouvrit.

Un homme très grand se courba pour entrer, entièrement vêtu de noir, le visage dissimulé par un capuchon, et Jane pensa qu'il avait l'air assez fort pour être celui qui l'avait portée la nuit passée. Elle ne s'interrogea pas longtemps, car après lui avoir signifié brièvement qu'elle devait le suivre, il la souleva sans cérémonie et quitta la pièce. Ils empruntèrent un passage voûté au sol pavé qui sembla à Jane vaguement familier. Puis l'homme s'arrêta et frappa à une autre porte cloutée ; prié d'entrer, il la remit sur ses pieds, les mains sur ses épaules. Cette pièce n'était pas beaucoup plus grande que celle où elle avait été emprisonnée, mais était meublée d'une table à tréteaux, d'une grande chaise et de deux tabourets. Il y avait des rouleaux de parchemin et des plumes d'oie sur la table, ainsi qu'une chandelle allumée et un petit crucifix de fer.

Sur un plateau étaient deux gobelets de métal et un pot en cuivre. La fenêtre était semblable à celle de l'autre pièce. Un coffre en chêne complétait l'ameublement. Un homme vêtu d'un long habit blanc, couvert à demi d'une cape noire, lisait en leur tournant le dos. Pendant un moment il ne fit pas attention à eux, ce qui permit à Jane de reconnaître l'endroit où ils se trouvaient : la tour de Narbonne ! Elle comprenait maintenant l'impression angoissante qu'elle avait déjà ressentie dans ce lieu. Comme cela lui semblait loin maintenant, et combien lui manquaient ses amis et leurs balades à bicyclettes ! Arriveraient-ils à la retrouver ?

Les pensées de Jane furent interrompues par le moine blanc qui se levait en repoussant sa chaise et se tourna vers elle. Avec une frayeur grandissante, elle reconnut ses traits sous le capuchon : c'était l'homme qui lui avait fait peur près de la lanterne des morts dans le cloître de la cathédrale de Périgueux !

« Petite insensée ! Je vous avais avertie de ne pas vous mêler des affaires des autres », tonna-t-il. Des vagues de terreur couraient comme de petites araignées sur l'épine dorsale de Jane tandis qu'elle entendait à nouveau cette voix menaçante. Etait-elle tombée aux mains de l'Inquisition ?

Le moine dit à son gardien de lui ôter ses liens et lui fit signe de s'asseoir sur un tabouret où elle se laissa tomber en se frottant les poignets et les chevilles pour rétablir la circulation.

« Comment vous appelez-vous ? » demanda-t-il enfin. Jane n'avait pas parlé depuis le moment où elle avait crié tandis qu'on l'enlevait la nuit passée ; sa bouche était si sèche qu'elle ne proférait que de petits cris en refoulant ses larmes.

« Donnez-lui à boire », dit le moine blanc ; et le gardien emplit à moitié un gobelet qu'il approcha de ses lèvres. Jane suffoquait un peu en avalant, puis elle s'éclaircit la gorge et dit aussi bravement qu'elle pouvait :

« Jane Mason, Monsieur, et nous sommes chez le Professeur Hardy. Puis-je rentrer à la maison, maintenant, s'il vous plaît ? » Le moine la regarda avec attention et lui dit d'une voix qui se voulait rassurante :

« Bientôt. Mais vous devez me dire d'abord le nom de vos contacts et ce qu'ils vous ont demandé de faire. » C'était tout autre chose. Jane avait juré de rester fidèle, et ne devait pas trahir ses amis. Oserait-elle donner de faux noms ? se demandait-elle, prise de panique. Mais le bon sens lui dit qu'on ne tarderait pas à s'en rendre compte et que ses ennemis ne la lâcheraient pas avant d'avoir obtenu d'elle ce qu'ils voulaient, et encore . . . Le mieux était de refuser de parler ; aussi baissa-t-elle la tête et resta silencieuse.

Le moine blanc attendit un moment puis dit, contrôlant sa colère montante :

« Je suis Frère Dominique et j'ai tous les pouvoirs pour vous arracher des aveux par tous les moyens. Je vous avertis de ne pas jouer la muette avec moi. Je ne suis pas patient et le temps presse. » Jane ne mit pas en doute qu'il mette ses menaces à exécution. Les pleurs seraient sans effet, elle en était sûre, mais si elle s'évanouissait sous la torture ? Peut-être pourrait-elle se trouver mal avant d'être mise à la question ? Le Frère Dominique se tourna vers le gardien.

« Ouvrez le coffre », ordonna-t-il. L'homme souleva lentement le lourd couvercle et étala un à un sur le sol les outils qu'il en retirait. Jane le regardait, se demandant un instant pourquoi il lui montrait une collection d'outils de charpentiers ou d'agriculteurs. Elle ne resta pas longtemps sans réponse.

« Ce sont les outils qu'il emploie », dit le Frère Dominique à Jane, d'une voix calme et même courtoise en expliquant leur usage. Le chevalet, les poucettes de torture et le fouet de cuir étaient tous là, trop évidents. Quelques-uns avaient des petits noms et leur usage était plus obscur. Il y avait des scies, il y avait des chaînes, des menottes et des ceintures de métal. C'en était trop pour Jane. Sans avoir besoin de faire semblant, elle commençait à se trouver mal. Comme elle glissait lentement de côté et roulait sur le sol, elle entendit une voix qui disait de loin :

« Jetez-la dans les oubliettes. Elle ne servira plus à rien à présent. »

Tout était obscur à nouveau et la conscience lui revint, avec des vagues de nausées. On la transportait encore, puis elle entendit un grincement métallique et quelque chose de lourd qu'on déplaçait. Elle se sentit tomber dans le vide, puis, immergée dans une fosse pleine d'eau, elle lutta pour s'en sortir et reprendre souffle, un rugissement dans les oreilles. Le froid de l'eau l'éveilla complètement, elle comprit qu'elle était dans le noir, s'efforçant d'échapper à l'engloutissement en brassant l'eau avec tout son instinct vital.

« Je suis dans les oubliettes ! » se dit-elle, « et elles sont pleines d'eau ! » C'était si terrifiant qu'elle se demanda de nouveau si ce n'était pas un cauchemar, mais elle était si trempée et gelée et complètement réveillée qu'elle regarda les choses en face et elle comprit qu'elle devait maintenant essayer de s'en sortir.

Comme elle barbotait à la surface de l'eau, ses mains touchèrent un mur, et elle se rendit compte qu'elle se trouvait dans un espace circulaire pas assez large pour qu'elle puisse étendre les bras, pas plus d'un mètre sans doute. Enfin sa main rencontra un crochet de fer auquel elle s'agrippa. En tâtonnant, elle en trouva un autre un peu en dessus et une bouffée de joie folle l'envahit : il y avait une échelle dans le mur ! Si elle arrivait à y grimper, au moins sortirait-elle de l'eau. Puis en atteignant la trappe, peut-être pourrait-elle en soulever le couvercle avec son épaule et arriver à s'échapper. Meurtrie, alourdie par le poids de ses vêtements trempés, et malgré sa frayeur, Jane se mit à grimper.

Du moins, elle ne s'était pas cassé les jambes en tombant, mais la montée était longue et pénible. Chaque barreau de l'échelle était séparé de cinquante centimètres environ : c'était un peu haut et dangereux de passer de l'un à l'autre en se hissant très difficilement. A chaque fois elle avait peur de manquer sa prise, mais elle fut très soulagée en se sentant enfin hors de l'eau. Tout en se hissant avec peine, elle songeait à ses cours de gymnastique à l'école, et à ses humiliantes tentatives pour grimper à la corde. Si seulement elle pouvait retrouver le fil de sa vie passée et les allées et venues familières entre l'école et la maison, elle ne se plaindrait plus jamais de s'ennuyer ou de se sentir grosse et maladroite !

Soudain, Jane eut une impression d'espace là où elle s'attendait à trouver le dernier échelon. Sa main ne trouva plus ni métal ni pierre. Que se passait-il ? Au même moment, elle réalisa que la lumière revenait peu à peu : elle pouvait presque voir sa main devant son visage. Elle s'arrêta et essaya de trouver des raisons logiques pour ces nouvelles sensations. La meilleure explication pour la lumière croissante était qu'elle s'approchait du haut du puits et qu'un peu de clarté filtrait par les bords de la trappe. Elle ne comprenait pas pourquoi les barreaux de fer avaient disparu mais elle avait une idée sur le vide qui leur succédait : il devait y avoir une ouverture par-là et peut-être un passage !

Poursuivant sa prudente exploration, Jane confirma son hypothèse. L'ouverture devait faire un mètre carré et elle entrevit devant elle une planche massive, sans doute l'entrée d'un tunnel. Il lui fallut un grand courage pour y pénétrer, car elle avait terriblement peur de faire un faux pas et de plonger à nouveau dans le trou, mais c'était son seul espoir ; aussi, très graduellement, elle avança son pied droit jusqu'au rebord, puis tout son corps. Elle se trouvait dans le couloir ! Le cœur battant, Jane se faufilait en rampant. C'était éprouvant, car la pierre était humide et visqueuse. Elle détestait les vers encore plus que les araignées, et redoutait d'en toucher un.

Son exploration fut brève et saisissante : sa main droite l'avertit qu'il n'y avait plus de couloir mais un cul-de-sac et sa main gauche se referma sur un objet dur et froid mais beaucoup trop gros pour être un ver. Lentement, à la fois soulagée de pouvoir se reposer et déçue d'être dans une niche et non dans un couloir, Jane s'assit et s'empara de l'objet. Elle le prit dans ses mains et sentit entre ses doigts le froid métal d'autres doigts. Etait-ce possible ? Jane caressa à nouveau l'objet. Oui, il était exactement comme dans son souvenir : une main d'or enrichie de perles et de pierres taillées : elle tenait le reliquaire de saint Cybard !

Comment diable était-il venu là ? Jane s'interrogeait : y était-il déjà ? Ou l'avait-il accompagnée à son insu ? Jane eut une idée : elle plongea ses mains dans les grandes poches de son blouson : l'une avait un trou assez large pour laisser passer une main. Donc ou Guilhem avait glissé le reliquaire dans sa poche avant son enlèvement, ou il y avait été mis par les Inquisiteurs pour l'utiliser comme preuve contre elle. Elle devait l'avoir eu sur elle tout le temps de sa captivité et le trou de sa poche se serait agrandi pendant qu'elle grimpait aux échelons de fer, alourdie par ses vêtements trempés. Elle n'avait pas entendu le bruit qu'avait pu faire la relique en tombant ; elle avait rampé si lentement !

Et maintenant ? La première chose que Jane décida de faire fut d'ôter son blouson et de le presser pour en faire sortir l'eau. C'était terrifiant d'entendre le bruit lointain de l'eau au fond de la fosse.

Jane n'avait pas trop froid car l'effort de l'ascension l'avait réchauffée. Elle aurait bien voulu mettre sur sa chemise de nuit mouillée un blouson sec et chaud et ne pouvait se résoudre à reprendre son blouson humide. L'important était de protéger et de dissimuler la relique. Jane la mit dans sa bonne poche et noua son vêtement par les manches autour de son cou. Pendant ce temps, ses yeux s'étaient habitués à la pénombre, et de sa nouvelle position elle comprit que la lumière ne tombait pas directement sur le puits mais venait sur le mur qui lui faisait face, à quelques mètres au-dessus. Elle ne l'avait pas remarquée car elle lui tournait le dos pendant son ascension. Maintenant elle était en face.

La seule chose à espérer était d'être bientôt secourue. Jane était bien décidée à s'en sortir : elle se rappela les paroles de Guilhem : si elle appelait Noupie, la brave chienne lui viendrait en aide. Que pouvait bien faire un chien pour l'aider, se demandait Jane, mais sans plus attendre, elle se tourna vers la source de lumière et cria :

« Noupie ! Noupie ! » et le plus étrange, c'est que Noupie, qui n'aboyait jamais, fit un petit jappement de joie, puis aboya bien fort jusqu'à ce que Jane entendit la voix d'Arnaut lui disant de ne pas se désespérer car les secours arrivaient !

CHAPITRE XVII

La délivrance

« Jane ! Jane ! Où es-tu ? » C'était la voix de Nick, cette fois, angoissée et pressante. Snoopy continuait à aboyer et Jane rassembla toute son énergie pour crier en retour :
« Nick ! Snoopy ! Je suis là, dans les oubliettes ! » Puis elle eut le souffle coupé par l'émotion, et, dans un grincement aigu, le puits fut inondé de la lumière du jour, soudaine et aveuglante, et Jane aperçut le visage pâle de Nick, le regard perdu dans les profondeurs.
« Jane ! » cria-t-il à nouveau, « tu es tombée dans le puits ! Est-ce que tu vas bien ? »
« J'ai trouvé le trésor ! » hoqueta Jane, « il faut m'aider. Personne ne doit rien savoir. » Nick pensa qu'elle délirait, et sa seule idée était de la sortir de là.
« Tout le monde t'a cherchée toute la journée », dit-il ; « la police, les pompiers et nous tous. Ils sont partout. Tiens bon, nous t'atteindrons bientôt. » Il disparut mais la lumière demeura heureusement. Une intense émotion la fit trembler malgré elle. Elle se mit la tête dans les mains et ne bougea plus jusqu'à ce qu'elle entende une bonne voix française tout près d'elle et elle se sentit à nouveau portée. Sur le coup elle revécut son enlèvement mais, à nouveau consciente, elle comprit qu'elle était sauvée par un pompier.

Quand elle rouvrit les yeux, elle était propre et sèche dans son lit. Sa mère était là, pâle et tendue, ainsi qu'un homme qu'elle ne connaissait pas.

« Jane ! Jane ! Ma chérie, Dieu soit loué ! » s'exclama Gill. Le médecin était là, dit-elle, pour l'examiner. Jane ne répondit que par une toux rauque.

« Elle était gelée jusqu'à la moelle des os », dit Gill au docteur, qui comprenait l'anglais. Jane reposait dans un silence bienfaisant, tandis qu'il palpait ses membres et vérifiait son pouls et ses bronches ; elle arriva à s'asseoir et à se pencher comme il le lui demandait pour achever son examen. Il lui demanda de tousser, ce qu'elle fit sans se forcer.

« Vous vous en êtes bien sortie, *Mademoiselle* », dit-il. « Rien d'autre que des contusions et des égratignures. Votre capital santé est à peine entamé ; vous devez être désormais un peu plus prudente. » Le docteur murmura pour Gill : « Heureusement qu'elle est encore un peu rondelette, ce qui l'a protégée des meurtrissures et du froid. » Le regard de Jane parcourait la petite chambre.

« Où est mon blouson ? » dit-elle dans un souffle, soudain affolée. C'étaient ses premières paroles depuis son sauvetage, mais pour Gill, c'étaient paroles d'évangile : elle était si heureuse de retrouver sa fille.

« Ne t'inquiète pas, Nick l'a mis à sécher sur la terrasse. Elle est encore fiévreuse ? » dit-elle en se tournant vers le docteur.

« Je vais lui donner ce qu'il faut pour cela, et aussi pour sa toux. Elle doit rester au lit bien au chaud et dormir. Je reviendrai demain. » Mais Jane dormait déjà, et ne l'entendit pas partir. De temps en temps, elle avait vaguement conscience de la présence de sa mère, de boissons chaudes et de potage avec du pain trempé, de la nuit qui tombait. Quand il fit noir, l'anxiété la gagna, elle semblait toujours inquiète de son blouson, mais on lui fit avaler quelques pilules, elle plongea à nouveau dans un profond sommeil.

Quand Jane se réveilla d'un bienfaisant sommeil sans rêve, c'était le matin, sa mère lisait près d'elle. Jane s'assit.

« Quelle heure est-il ? » demanda-t-elle, « je meurs de faim ! »

« Dieu soit loué ! » répondit Gill, les yeux pleins de larmes en embrassant sa fille, « il est presque neuf heures. Nick est allé chercher des *pains au chocolat* pour ton petit déjeuner. Je vais t'en apporter. Veux-tu du *café au lait* ? »

« Oui, s'il te plaît », dit Jane, les yeux brillants, « une grande tasse. Et je veux voir Nick. » Gill quitta la chambre et Nick apparut peu après, l'air un peu timide.

« On était très inquiet pour toi », dit-il sur un ton de reproche. « Mon père s'en veut à mort pour le puits. » Il s'expliqua : après avoir retrouvé Jane, on avait découvert sur la terrasse un morceau brisé de la charnière rouillée de la porte du puits. Le cadenas avait tenu bon mais la charnière avait cédé quand Jane était tombée dessus. Jane n'avait pas la moindre idée de ce que Nick voulait dire. Le garçon s'assit au bout du lit, et, la regardant attentivement, il parla en détachant les mots comme pour une enfant.

« Je suppose que tu dormais en marchant dans un état fiévreux », commença-t-il. « Tu n'avais sur toi que ta chemise de nuit quand nous t'avons trouvée, elle était trempée. Tu as dû faire un faux pas sur la terrasse, buter contre la porte, perdre ton équilibre et tomber. Puis la porte s'est refermée en claquant, entraînée par son poids, nous t'avons cherchée toute la journée, sans rien remarquer. Je pensais que tu avais fait une fugue, mais les autres

croyaient que tu avais été kidnappée. C'était terrible ! »
Jane réfléchissait. S'était-elle enfuie ? Avait-elle été
enlevée ? Comme sa mémoire revenait, elle s'agita de
nouveau.
« Nick ! Mon blouson ! Où est-il ? » Le visage du
garçon s'éclaira pour la première fois et il allait répondre
quand Gill apparut avec un plateau, et l'odeur délicieuse du
café et des pains au chocolat.
« A bientôt ! » dit-il d'un air désinvolte en quittant la
chambre. Jane devait contenir son impatience en attendant
d'avoir fini son petit déjeuner. Son esprit continuait à
travailler.
« Tu sais », dit-elle entre ses bouchées de pâtisserie, « je
n'avais jamais su qu'il y avait un puits sur la terrasse. Je
comprends maintenant pourquoi ces pierres sont si
bizarrement arrondies. J'ai été précipitée là-dedans ! »
ajouta-t-elle en regardant le mur semi-circulaire près de son
lit. « Le plus grand secret se trouvait à côté de moi, depuis
que je suis ici, et je dormais en plein dedans ! » Gill
supportait mal ce sujet, mais elle comprenait que c'était
important pour Jane de parler de son expérience ; elle la
laissa donc discourir et répondit comme elle pouvait à ses
questions assez décousues :
Le médecin vivait au village ; il avait été envoyé par les
Legrand qui s'étaient beaucoup inquiétés. Alan avait
appelé la gendarmerie et les pompiers. On avait remarqué
l'absence de Jane la veille, au petit déjeuner, et Gill s'était
alarmée tout de suite, car elle savait que Jane était un peu
souffrante et ne serait pas partie se promener en chemise de
nuit. Le blouson et les nu-pieds brillaient par leur absence,
mais il n'y avait pas d'autre signe de vol. C'était l'heure du

thé quand Snoopy entendit Jane appeler du puits et les alerta en aboyant.

Colin se sentait terriblement coupable et plein de remords pour la porte du puits. Il essayait de voir ce qu'il pouvait faire pour se faire pardonner, surtout par Jane. En fait, dit Gill, maintenant qu'elle était assez bien pour s'asseoir et pour lire, il était descendu à Ribérac pour lui acheter des livres. Jane se sentait un peu gênée par tout ce tapage : après tout, on pouvait penser qu'elle n'avait à s'en prendre qu'à elle-même ! Sa seule préoccupation maintenant, c'était de savoir ce qu'était devenu le trésor.

« Merci pour le petit déjeuner, Maman », dit-elle. « Je crois que je vais encore dormir un peu. » Gill prit le plateau et adressa à sa fille un sourire radieux en quittant la pièce.

Sitôt la porte refermée, Jane sortit de son lit assez péniblement à cause de ses contusions. Elle passa par la salle de bain, et gagna la petite terrasse. Oui, le blouson était bien là, brillant sous le soleil du matin. Il était étendu sur un siège en plastique, tout à fait sec et comme neuf. Jane mit sa main dans la poche où elle trouva un grand trou. Il faudra le raccommoder. Le cœur battant, elle fouilla l'autre poche. Elle était vide !

Jane revint à petits pas vers le salon. Nick, assis sur son lit, admirait les photos qui venaient d'arriver au courrier. Il leva les yeux vers elle.

« Nick ! » chuchota Jane d'un air furieux, « Où est le trésor ? »

« Ne t'inquiète pas », la rassura-t-il en souriant, « il est en sécurité. Va dans ton lit. » Il se leva, prit son sac à dos et la suivit dans sa chambre. Quand il la vit bien bordée, il sortit de son sac à dos la main d'or, brillant de tous ses feux.

« N'est-elle pas magnifique ? L'as-tu vraiment trouvée dans le puits ? Comment diable y est-elle arrivée ? » Jane lui prit la relique des mains et la berça comme elle aurait fait d'un bébé. Elle s'était peu à peu attachée à cet étrange objet.

« Sans doute ne le saurons-nous jamais », répondit-elle. Elle ne pouvait se résoudre à lui parler d'Aliénor, Arnaut, Guilhem et les autres. Elle était si sûre qu'il dirait qu'elle inventait cette histoire. Peut-être pour être fidèle fallait-il garder tous ses secrets pour elle. Elle en avait déjà assez dit. « Nick, tu ne dois parler à personne. Promets ; jure-le-moi. »

« Croix de bois, croix de fer, si je mens je vais en enfer », dit Nick aussitôt, et Jane se rappela avoir dit ces mêmes paroles à Aliénor, il y a bien longtemps.

« Comment as-tu fait pour le garder caché ? » demanda-t-elle.

« Tout le monde cherchait dans les bois quand j'ai entendu Snoopy aboyer. Ils n'étaient pas loin, mais j'étais le plus près. Tu délirais au sujet d'un trésor dans ton blouson, et quand les pompiers t'emportèrent, tu le serrais contre toi, alors qu'il était trempé. Je te l'ai pris, j'ai trouvé le trésor au fond d'une poche, l'ai mis dans mon sac, et j'ai suspendu ton vêtement dehors pour le faire sécher. Ils étaient trop occupés à te soigner pour avoir remarqué quoi que ce soit. » Jane était rassurée, mais il y avait encore le problème de rapporter la relique au tombeau de saint Cybard. Elle s'inquiétait aussi pour Guilhem. Est-ce qu'il avait pu s'échapper avec Noupie ? Si elle se rendormait, peut-être saurait-elle la réponse dans un rêve, mais elle se sentait maintenant si bien que ce ne serait pas facile.

« Tu peux t'en charger pour le moment », dit Jane. « On pourrait le trouver ici, mais personne n'ira regarder dans ton sac à dos. Je le prendrai plus tard. » Nick la laissa se reposer et elle essaya de dormir, mais sans y parvenir. Enfin elle fut bien rassérénée par une série de visites au cours de la journée. Pierre et Claudine arrivèrent les premiers, avec leur mère. Ils ne restèrent pas longtemps, ne voulant pas la fatiguer, mais ils lui apportèrent un joli panier de fruits, et Jane leur dit combien elle était reconnaissante à Snoopy de l'avoir trouvée.

Puis vint Alan, avec un bouquet de roses rose pâle que Gill mit dans un vase, et enfin le docteur, qui la trouva bien et lui dit qu'elle n'avait plus besoin de médicaments.

« En fait », dit-il, «vous pouvez vous lever demain, mais plus de promenades nocturnes. » Pour Jane, c'était comme un jour d'anniversaire, mais elle n'était pas préparée à la réaction de Colin.

Il arriva juste avant déjeuner avec un sac débordant. Il ne contenait pas moins de cinq cadeaux, tous élégamment enveloppés dans du joli papier. Il parla peu, mais s'assit pour regarder le visage de Jane tandis qu'elle les ouvrait. Elle déchira d'abord l'emballage du plus grand : une énorme boîte de chocolats français.

« Pas pour êtres mangés avant le déjeuner », dit-il gravement.

« Il y en a assez pour en offrir à tous mes visiteurs et devenir grosse comme une oie », dit Jane. Puis elle ouvrit un paquet, manifestement un livre : il était beau, dans un étui ; elle le tira. « Dieu que c'est joli, merci beaucoup ! »

Elle le feuilleta par la fin, découvrant les églises romanes du Périgord, contente de voir le texte en anglais et en français. Ensuite il y eut un plus petit livre de poèmes des troubadours. Jane ne pourrait pas les lire sans aide mais il y avait de ravissantes illustrations de vieux manuscrits, en couleurs, et cela l'enchantait. Puis Jane trouva un petit paquet plat qui avait bien l'air d'un CD. Elle ôta le papier : c'était bien un disque de chansons des troubadours par les Tre Fontane.

« Oh, Colin ! » commença Jane, « c'est si gentil, mais » - elle allait dire qu'elle n'avait pas de lecteur pour CD quand elle pensa à plonger sa main dans le fond de la poche et en sortit une petite boîte assez lourde : était-ce vrai ? Jane n'osait pas le croire. Les yeux de Colin étaient rivés à son visage tandis qu'elle ouvrait le dernier paquet. « Mais je ne mérite pas tout cela ! » estima-t-elle en voyant sa merveilleuse petite stéréo dans sa boîte . « Je n'ai jamais eu de cadeaux aussi super ! » Colin ajusta l'appareil et lui montra comment s'en servir, et Jane sortit non sans mal de sa cellophane, le CD qu'il mit pour elle. La petite chambre fut emplie des sons étranges mais familiers qui lui rappelaient le concert.

« Je ne crois pas avoir reçu quelque chose qui m'ait fait plus de plaisir », dit-elle. Puis, comme sa mère entrait avec le déjeuner, Colin se leva et leur dit :

« Enfin, pour célébrer votre rétablissement et remercier votre mère pour tout ce qu'elle a fait, je vous emmènerai tous dans un très bon restaurant de Ribérac pour votre dernière soirée. »

CHAPITRE XVIII

Une conférence

Le samedi après l'accident, Jane était en pleine forme, prête à entreprendre n'importe quoi. Pendant toute sa convalescence, elle avait constaté que sa mère griffonnait plus qu'elle ne lisait, et souvent, elle l'importunait par ses questions mais Gill répondait toujours :

« Je te montrerai quand j'aurai fini. » Jane était assise contre ses oreillers, et regardait les images de ses nouveaux livres, en essayant de comprendre les mots étranges des poèmes occitans. Elle avait son lecteur portatif la plupart du temps, et pouvait suivre les paroles des chansons de son CD dans le petit livre qui l'accompagnait, en français et en occitan.

« Si Claudine était là, elle me dirait ce qu'ils veulent dire », dit-elle. Gill obligeamment appela les Legrand et Claudine accepta son invitation pour le goûter le jour même, avec Pierre. Ils arrivèrent à bicyclette à trois heures, car Gill avait pensé qu'ils pourraient faire une partie de Monopoly.

La fraîcheur était agréable sur la terrasse ombragée et gaie avec de jolis coussins et une nappe assortie sur la table. Gill leur apporta des boîtes de jus de fruit pendant qu'ils jouaient. Tout était pour le mieux, et Jane devenait terriblement gâtée.

« Profites-en », dit Nick, « Ça n'aura qu'un temps. » Jane prit une soudaine décision.

« Je vais partager un secret avec vous », dit-elle. « Nick en sait déjà une partie. Il a juré de le garder pour lui, et vous devez jurer vous aussi, avant que je vous en parle. » Les Legrand s'entretinrent en français. Pierre dit qu'il acceptait de prêter serment mais Claudine avait des scrupules. Elle s'inquiétait à la pensée que ce secret ne pourrait peut-être pas être gardé. Enfin on arriva à un compromis : Jane jurerait la première qu'il n'y avait rien dans son secret qu'une personne raisonnable se verrait obligée de révéler.

Jane était un peu irritée. « N'as tu pas confiance en moi ? » gémit-elle, mais Claudine lui demanda d'être logique. Aussi Nick alla chercher son sac à dos à la demande de Jane, et en sortit son Nouveau Testament que sa mère y avait mis, et qu'il n'avait pas ouvert depuis son arrivée. D'abord Jane puis les autres prêtèrent serment sur la bible. Nick fit remarquer qu'il avait déjà juré, mais Jane ne voulait courir aucun risque : chacun dut mettre sa main droite sur le livre, la sienne en bas, comme elle avait vu faire dans le film 'Hamlet'.

« Maintenant . . . » dit-elle, et elle sortit la relique. Pierre et Claudine étaient d'abord sans voix, puis posèrent tant de questions que Jane ne savait pas par où commencer. Elle eut une bonne idée : « Tu leur dis, Nick, je suis fatiguée », et elle s'enfonça dans son fauteuil. Nick, flatté, leur dit tout ce qu'il savait ou qu'il supposait, et Jane put en garder pour elle une bonne partie, sans être importunée.

« Mais j'ai un peu plus à partager avec vous », dit-elle enfin. « La nuit dernière, je me suis endormie avec mon disque en marche, et j'ai reçu en rêve un message. Ce n'est pas à nous de conserver cette relique. C'est la main de saint Cybard, et il désire qu'elle rejoigne son corps. Il faut donc l'enterrer dans sa tombe. Nous n'aurons pas à creuser trop profond car on fait des travaux dans l'église de Cercles et nous n'aurons qu'à mettre la main dans le trou à la base du pilier. C'est là où il est enterré. »

« C'est une terrible perte ! » s'exclama Nick, soutenu par Pierre et Claudine.

« Elle devrait être dans un musée », suggéra Claudine, mais Jane était ferme.

« Vous avez juré sur la bible », dit-elle, « et si vous rompez votre serment, saint Cybard reviendra pour vous hanter et ne vous laissera jamais plus en paix ! » Les enfants firent des suggestions diverses. Pierre était si excité par son idée qu'il la dit à Claudine en français, ce qui la fit rougir si bien que Nick la fit traduire pour Jane et lui.

« Il a un plan », commença-t-elle, « nous remplissons le gant de caoutchouc de maman avec du plâtre et faisons une main. Pierre veut la peindre en doré et y coller des pierres de couleurs de notre jeu de pirates. Alors saint Cybard pensera qu'il a sa main et nous laissera tranquilles, et nous vendrons le trésor. »

« Nous pourrions le vendre aux enchères chez Sotheby », ajouta Nick. Jane était furieuse.

« Vous êtes indignes ! » cria-t-elle, et même les garçons semblaient repentants. Ils finirent par se détendre avec l'idée de faire d'abord photographier la relique par Nick 'pour la documentation', et Pierre, pour ne pas être en reste, suggéra de prendre ses mesures et de les consigner par écrit.

« Nous pouvons aussi enterrer une lettre où nous disons ce que nous faisons », dit Claudine, « pour le cas où la tombe serait un jour visitée. Ils sauront alors que nous l'avons découverte, et l'endroit où nous vivons. »

« Oui », approuva Jane, « et chacun de nous pourrait ajouter quelque chose de personnel. Comme ça, ce sera une 'capsule témoin'.» Les enfants réfléchissaient à ce qu'ils pourraient céder qui soit susceptible d'intéresser plus tard celui qui le découvrirait. Nick commença par suggérer son Nouveau Testament, et tandis que les autres objectaient que ce n'était pas assez personnel, il alla chercher son appareil photo.

« C'est le bon moment », dit-il. Il rapporta ses photographies : il y en avait de l'église de Cercles ; d'autres de la famille à Pégrillou ; il y avait deux bons clichés des huppes (Nick en était très fier) et enfin les courses de Snoopy autour de la piscine. Cela donna une idée à Pierre.

« Nous pourrions mettre une enveloppe avec nos photos et nos noms et adresses. » Jane se précipita à l'intérieur pour chercher les instantanés pris au supermarché, des papiers et des crayons feutre. Chacun se mit à écrire des lettres pour les inconnus d'un lointain futur, les Legrand écrivant les leurs en français.

Puis Nick prit plusieurs photos du reliquaire, se détachant sur le bleu du blouson posé sur une chaise, où il était bien en valeur, tandis qu'on envoyait Pierre emprunter une règle graduée pour préciser les mesures de l'objet dans leur lettre. La main avait une vingtaine de centimètres entre le poignet et le bout des doigts, sept centimètres en travers du poignet, et dix-sept de circonférence. Puis Nick prit une photo de Jane la tenant et Jane en prit une autre de ses trois amis admirant la relique, après quoi elle l'enveloppa dans son blouson avec les petites notes et remit le tout dans le sac à dos de Nick. Il était temps car Alan arrivait pour dire que le goûter était prêt.

Gill avait préparé un goûter de fête pour les enfants et aussi pour les parents. Tout était prêt sur la nappe à carreaux dans la salle à manger et les enfants étaient stupéfaits devant tant de bonnes choses. Les hommes avaient fait leurs achats à Ribérac pendant la partie de Monopoly et avaient aidé Gill à tout préparer. Il y avait des canapés de saumon fumé sur du pain de seigle, un choix de tartelettes aux fruits, des meringues et des petits éclairs et, le meilleur de tout, les petits biscuits préférés de Jane : des florentines couvertes de chocolat parsemé de noisettes dorées et de fruits confits comme des pierres précieuses.

« Nous n'aurons pas besoin de dîner », s'exclama Nick. Tandis que Jane servait le thé et le jus d'orange, Alan ajouta une note de magie : il craqua une allumette et fit étinceler deux douzaines de cierges magiques qu'il avait disposés dans toute la pièce. Le spectacle dura plusieurs minutes, et les enfants en saisissant un dans chaque main les faisaient tourbillonner par-dessus leurs têtes.

« C'est vraiment comme un jour d'anniversaire ! » dit Jane.

Le lendemain les enfants exécutèrent leur plan. Ils choisirent le moment du déjeuner du dimanche pour agir. Il n'y avait pas d'office à l'église de Cercles ce jour-là ; les travaux étant suspendus, il n'y aurait pas d'ouvriers. Tout le monde occupé à déjeuner, ils seraient tranquilles. Ils avaient brouillé les pistes en demandant un pique-nique ; les deux familles étaient tout à fait contentes de ce projet. Snoopy avait la permission de les accompagner car ils n'allaient pas loin de la maison ; il gambadait joyeusement derrière eux sur le chemin des bois.

Le village de Cercles était si calme qu'il en devenait

positivement soporifique. C'était un mot dont Jane se délectait depuis qu'elle l'avait rencontré dans Peter Rabbit quand elle était petite. L'église était un bienfaisant havre de fraîcheur. Un papillon était passé par la porte ouverte et décorait l'autel de ses ailes chatoyantes. Jane avait retiré du sac à dos le reliquaire, encore enveloppé dans la veste bleue, et le porta ainsi. Claudine avait une petite bêche et Pierre les lettres et les photographies. En suivant le papillon vers l'autel, les enfants repérèrent au pied du dernier pilier le large trou creusé par les ouvriers. Nick croyait un peu se souvenir de l'avoir vu lors de leur dernière visite, mais il n'en était pas certain.

Sur les instructions de Jane, il se laissa tomber dans la cavité où il disparut jusqu'à la poitrine. Puis Claudine lui passa la bêche et il en sortit encore une quantité de gravats. Jane lui tendit le blouson et Pierre les documents qu'il glissa dans un repli du vêtement. Puis il répartit la terre sur le nouveau trou et la foula avec ses baskets.

« Au revoir, saint Cybard, reposez en paix », dit Jane à haute voix, et, pour elle, « au revoir, Aliénor, j'ai tenu ma promesse. » Puis ils retrouvèrent leurs bicyclettes et pédalèrent dans la forêt. Ils s'arrêtèrent dans une clairière, s'assirent sur les cirés jaunes que les Legrand avaient portés et partagèrent leur pique-nique. Jane mangeait machinalement, emplie de nostalgie.

« Je suis si détendu que je ne tiens plus debout », annonça Nick en se roulant sur le dos, et les autres enfants, rassasiés par les bonnes choses préparées par leurs mères, suivirent son exemple. Jane avait apporté son nouvel appareil dans le panier de sa bicyclette et s'en saisit, espérant combattre ainsi sa mélancolie. Pour ne pas gêner les autres elle mit ses écouteurs et, adossée contre un chêne couvert de lierre, elle le mit en marche et ferma les yeux. Par-delà la musique familière elle entendait les douces notes de la flûte du berger. Elle ouvrit un instant les yeux et crut voir la chienne blanche bondir à travers le fourré. Le pipeau cessa et elle entendit une voix appeler doucement :

« Noupie ! Noupie ! » Ainsi, Guilhem et son chien étaient libres. Jane était si heureuse. Elle referma les yeux et se reposa avec la musique.

Quand ils furent de retour, Jane aida sa mère à ranger les affaires du pique-nique puis, une fois la cuisine en ordre, Gill dit avec un sourire un peu timide :

« Maintenant, tu peux lire mon histoire, si tu veux. » Elle l'avait mise dans une grande chemise jaune, décorée d'un portrait d'Aliénor d'Aquitaine. Jane s'assit et l'ouvrit, les yeux toujours plus grands en voyant les premiers mots.

« Mais . . . c'est mon histoire ! » s'exclama-t-elle. Elle relut le début :

« Jane Mason avait grand besoin d'arriver . . . »

FIN

NOTE DE L'AUTEUR

La plupart des lieux dans cette histoire existent réellement. J'ai déplacé 'La Chapelle dans les Bois'. Elle se trouve entre Celles et le Château de Montardit. Aliénor a existé, bien sûr, ainsi que les cathares et les troubadours. Arnaut Daniel est né à Ribérac, mais une vingtaine d'années plus tard que dans mon livre.

Si vous voulez partir sur les pas de Jane et ses amis, demandez l'imprimé du circuit qui est offert gratuitement par l'Office de Tourisme de Ribérac. Cependant, depuis la publication de la première édition en anglais, il y a eu des changements.

L'église de Cercles a été en partie restaurée et les Hommes Verts sont devenus plutôt blancs. La boulangerie de Chapdeuil était imaginaire, mais hélas, le café n'existe plus !

Achevé d'imprimer
le 8 avril 1998
au Roc de Bourzac
24150 Bayac
Dépôt légal : 2e trimestre 1998